上海市教委民办高校重点科研项目
“城市文化多样性视野下的文化创意人才培养模式研究”
(2016-SHNGE-06ZD)成果

理论与实践

城市文化多样性视野下的文化创意人才培养模式研究报告集

刘轶◎主编

上海社会科学院出版社
SHANGHAI ACADEMY OF SOCIAL SCIENCES PRESS

前　言

近年来，我国学者对文化软实力各个方面的研究逐步深入，分别从文化、政治、经济、社会、外交、传播等方面着手，探讨了在当下国际竞争中文化软实力对民族国家起到的重要作用。文化软实力的构成因素有很多，但核心的要素是文化。《易·贲卦》云："刚柔交错，天文也。文明以止，人文也。观乎天文以察时变，观乎人文以化成天下。"文化者，离不开"人"这一主体。唯有人之所在，才有文化之所在。受过文化教育并乐于将文化融入自己生活行为之中的人，可谓文化人；在这一批人之中，乐于将文化融入自己生活之中并愿意将自己的时间和精力贡献于"察时变、化天下"的理想，引发文化领域的或大或小的变革、生长，则可谓"文化创意之人才"——当然，从具体的时代和社会背景出发，"文化创意人才"自然有着具体的定义。不过，它并不与前面的定义冲突，相反，两者在更为宽阔的时空中可以得到交融和互补。

同时还需看到，今日的文化创意人才，与以往乡土社会背景下的文化创意人才有着较大的差异：今天文化创意人才所处的一个大背景，就是全球化和城市化；而全球化和城市化带来的重要特征，就是文化多样性。因此，对文化创意人才培养的研究，还需要放在这样一个背景下来考察。

那么，要造就这样的文化创意人才，可以从哪些方面着手呢？或者说，在当下具体的环境中，可以用哪些具体的教育路径来达到这一目的呢？目前我们的路径，现状又是如何的？与理想的状态尚有多少差距？这些都是亟需回答的问题。

基于这样一个思路,本书以我国文化创意人才培养的理论和实践为基础,一则尽量从理论上厘清文化创意人才培养的相关问题,二则从现实出发,考察它的具体运作方式和特征。因此在本书中,既有“我国文化创意人才培养的历史脉络和现状分析”“对城市文化多样性视野下文化创意人才培养模式革新的思考”“创意+视野下文化创意人才培养的新思路”“英国文化创意人才的培养模式及启示”等较为宏观的探讨,也有“我国网络文学产业人才培养模式创新研究”“上海文化创意人才现状和培养方式的思考”“对公共艺术人才培养的相关思考”“古陶瓷鉴定复合人才培养模式初探”“体育文化创意产业视角下的赛事营销人才构成及其培养”“少数民族非物质文化遗产传承人的培养模式”“上海温哥华电影学院人才培养模式创新”等具体案例的分析。总之,不管从哪一方面出发,都聚焦在文化创意人才培养模式上,力图勾勒出当前我们在文化创意人才培养模式上的现状、特征、局限,以及它未来的趋势和可能。参与研究的作者,大多是从事于文化创意教育第一线的教师或相关领域的研究者。

当然,由于研究时间和研究水平等原因,本书中有一些问题尚未能深入展开或未能全面顾及,还有待今后的进一步研究。书中的不足之处,希望得到有关专家的指正。

目录 | CONTENTS

我国文化创意人才培养的历史脉络和现状分析

吴　非、刘　铁*

摘要：文化人才是建设文化强国的首要资源和第一驱动力，总结我国文化创意人才培养的经验、分析我国文化创意人才培养的现状对于进一步培养文化人才具有十分重要的意义。本文对文化创意人才的定义和特征进行概括，梳理了中华人民共和国成立以来文化创意人才培养的历史脉络，并从新兴文化形态和文化多样性的角度探讨当前文化创意人才培养的新要求。

关键词：文化创意；人才培养；历史脉络

随着中国社会经济的快速发展和国际化程度的不断加深，文化软实力在国家综合国力竞争中的地位日益提升。党的十七届六中全会提出要推动社会主义文化大发展大繁荣，做出“建设社会主义文化强国”的战略部署。文化强国的实质是文化创意人才强国。在建设社会主义文化强国的过程中，我们必须清醒地认识到人才的价值。人才是实现民族振兴、占据国际竞争主动权的战略资源。其中，文化创意人才更是文化发展的基础和保障。文化的大繁荣、大发展，都离不开人才的引领。因此文化创意人才是建设文化强国的第一资源和内在驱动

* 吴非，上海社会科学院 2016 级硕士研究生，主要研究方向为文化产业；刘铁，上海视觉艺术学院教授，主要研究方向为传统文化资源与文化产业、文化理论。

力。文化创意人才是先进文化的缔造者、创造者，也是先进文化的继承者和传播者。一个民族文化的传承与弘扬需要人才的支撑。一个国家文化的传播与影响更需要人才的推动。

当今世界创意已渗入到各行各业，经过融合互通后新兴的文化行业层出不穷。文化创意人才素质和水平的高低直接决定了我国文化事业与文化产业的兴衰和成败。总结国内文化创意人才培养的经验，分析我国文化创意人才培养的现状，探索适合的文化创意人才培养的新机制，打造一支结构合理、复合多元、富于创意的文化创意人才队伍，是实现我国文化发展战略目标的基础和关键。

一、文化创意人才的定义和特征

文化创意人才涵盖的范围十分广泛，学界对此一直未有统一的界定。在有关的官方定义中，文化创意人才主要是指以文化资源为起点，以内容创意为动力，以市场需求为目标，以企业经营为途径的文化创意与设计服务人才[①]。不过，本文将文化创意人才从广义和狭义两个范畴来进行定义。广义上的文化创意人才，是指从事文化创意领域有关行业的各类人才的总称，包括文化创意宣传人才、文化创意管理人才、文化创意专业技术人才等各类人才。狭义上的文化创意人才，则仅指文化创意领域的专门性、技术性人才，尤其包括了文化创意产业、公共文化服务领域的人才，具体如新闻出版领域、广播影视领域、文博印刷领域、广告设计领域、动漫游戏领域等方面的专门性、技术性人才。

人才是生产力系统中最活跃的要素，文化创意人才在继承、传播文化资源的同时，能够通过其自身的特殊能动性开发新的文化创意资源，源源不断地创造新的文化产品来满足人们的精神文化需求。而正是这特殊能动性将文化创意人才与其他人群区分开来。文化创意人才之所以是第一资源就在于它是一种可增值、可持续，拥有无限开发潜力的资源。具体而言，文化创意人才应该具备的素

① 资料来源：国务院关于推进文化创意和设计服务与相关产业融合发展的若干意见[EB/OL].(2014-03-14)[2015-09-19]. http://www.gov.cn/zhengce/content/2014-03/14/content_8713.htm。

质特征可以概括为以下几个方面：

一是创造性。创造性是文化创意人才最核心也是最重要的特征。可以从两方面进行阐释，按工作性质来讲，文化创意人才一般从事的工作具有较强的创造性。创新是文化的本质。无论从事文化工作的哪个环节，抑或是不同种类的文化工作，都需要文化创意人才具备创新思维。按思维模式来讲，文化创意人才一般具有活跃、追求灵感的创造力，能够不断将新想法、新点子融入文化的创作之中，为文化生产提供不竭的动力保障。

二是个性化。个性化是文化创意人才区别于其他人才的首要特征。受到创意的启发，文化创意人才具有较强的个性，他们往往追求个性化的生活方式和工作方式，相比其他人才，更重视自我的表达和个性的抒发。文化人才强烈的性格色彩和人格魅力也为文化创意人才的不断优化创造了有利条件。

三是多元化。由于文化领域的多元多样，文化创意人才也因此多元发展。文化创意人才散布在与文化相关的很多领域，包括音乐、舞蹈、表演、创作、经营管理、设计等。多种多样的文化人才类别大大丰富了文化创意产业的广度，构成了百花齐放、错位竞争的大环境，为行业进一步发展奠定了基础。

四是跨界化。随着时代的发展，社会越来越需要精通多门专业的复合型人才。文化创意人才也越来越与其他领域的互融互通，如文化与科技融合、文化与金融融合、文化与体育融合、文化与旅游融合等，各类跨界性的文化创意人才层出不穷。这些跨界性的文化创意人才将使文化发展拥有更多的可能性，并不断拓宽已有的文化市场。

由于文化创意领域多、涉及面广，因此对文化创意人才的分类一直难有定论。2010 年 8 月，我国文化部首次制定并颁布实施了《全国文化系统人才发展规划(2010—2020 年)》，其中提出了 2010—2020 年文化创意人才工作的总体目标，即培养造就规模宏大、门类齐全、结构合理、梯次分明、素质优良的文化创意人才队伍，为推动我国由文化资源大国向文化发展强国迈进奠定坚实的人才基础。规划还明确提出要抓好文化党政人才、文化经营管理人才、文化艺术专业技术人才、公共文化服务人才、高技能文化创意人才、文化科技人才、文化外交人才 7 支人才队伍建设，争取把各方面优秀人才集聚到文化事业中来。①

---

① 文化部《全国文化系统人才发展规划(2010—2020 年)》，2010 年 8 月发布。

基于此，本文将从掌握的知识技能和服务社会的属性两个角度，对文化创意人才进行具体划分。

从掌握的知识技能角度，可以分为创意创作人才和经营管理人才。其中创意创作人才指以开发自主知识产权为核心，以“创意”服务为特征，以专业或特殊技能（如设计）为手段，可以提供新思路，开拓新领域，创作出富有新意、符合市场需求的文化创意产品（包括有形产品与无形产品）的专业人才。他们对产业有通透的了解，能够结合实际并不断创造，他们不仅拥有对专业本身的掌握能力，而且拥有对社会文化的较深理解。比如设计师、各类艺术家等。经营管理人才即专门从事文化创意产品及其衍生产品的市场经营和文化创意企业经营管理的人才。他们深谙市场、会经营、懂管理、善运作，能将优秀的文化产品通过运作推向市场，使文化产品产生巨大的社会效益和经济效益，并满足人们的文化需求。比如，项目经理、项目策划、经纪人等。

从服务社会的属性来看，可以分为公共文化创意人才和文化产业人才。公共文化创意人才一般就职于政府部门或公益性文化机构，从事普及文化知识、传播先进文化、满足人民群众基本文化需求，保障人民群众基本文化权益的人才。而文化产业人才则是相对于公共文化创意人才而言的，他们从事于生产文化产品和提供文化服务的经营性行业，力求文化产品和文化服务的经济增值。这些经营性的文化产品极大地丰富了人民群众日益增长的精神消费需要，是对基础文化服务的补充。随着我国市场经济的逐步完善和现代生产方式的不断进步，文化产业人才可以为广大人民群众提供更多样、更精彩的文化产品和文化服务。在满足人们基本文化需求的基础上，创造出更大的经济效益。

二、我国文化创意人才培养的历史流变

我国对文化创意人才的培养，是与我国的文化政策和文化发展历史阶段密不可分的。文化人才培养的模式，也随着不同的文化政策和文化发展历史阶段而有着很大的不同。

1. 1949—1978年:计划体制下的文化创意人才培养模式

这一时期,我国的文化事业处于刚刚起步的阶段,借鉴苏联的模式将文化事业纳入国家和政府的统筹安排之下,由政府主导并包办几乎所有的文化发展事项,在高度集中统一的文化管理体制下任何涉及市场和民间的行为均不被允许。由于文化领域被完整地纳入党的一元化领导体制的框架,因此文化创意人才也被归入国家体制之中,成为机关事业单位人员,必须按照国家计划完成文化艺术的相关工作。过于具体严格的行政管理严重制约和阻碍了文化发展,也限制了广大文化创意人才参与市场竞争的能力和文化创新的活力。①

这一时期文化创意人才根据各地需求,按照国家要求,统一计划编制,各地方定编定岗。主要集中在几大领域:一是各省市、部委的影视、音乐、舞蹈、文学、美术等创作、制作、传播领域;二是各书报杂志的采编、出版、发行领域;三是群众文化、图书博物等工作领域;四是集中在国有企业的工艺设计制作等领域。

该历史阶段我国文化创意人才的主要培养模式特点为:(1)按照国家需要,设定岗位;按照岗位要求,制定培养计划。(2)根据培养计划,相关的培养单位和机构进行培养教学,以中、高等院校和相关国家机构为主进行培养教学。(3)培养教学中,以苏联的教学模式为主,培养体系基本借鉴了苏联模式。(4)培养教学中,重视创意创作的素养和技能,忽视经营管理技能。

2. 1978—1992年:计划体制为主、兼顾市场机制的文化创意人才培养模式

这一时期,文化创意人才的工作岗位大多仍以事业单位编制为主。尽管文化管理体制依然保持着高度的行政依附性,条块分割明显。然而随着改革开放的步伐加大,国家启动了对文化管理体制的改革。文化领域逐步开始出现了"下海"浪潮,以保留"事业编制"、"停薪留职"等模式,一部分文化创意人才开始投身于市场经济,成为市场化的人才。我国文化创意人才逐步出现了以"体制内"为主、"体制外"为辅的特点。他们投身于新兴的文化市场,有效地填补了改革开放之后文化消费市场对文化创意人才需求的增加和扩大。

---

① 蒯大申:《新中国文化管理体制研究》,上海人民出版社2010年版,第78—79页。

而文化创意人才队伍,一方面根据需求,按照计划编制,定编定岗;另一方面,根据市场需求,文化创意人才在市场中涌现,出现以供需为导向的人才特点。例如,20 世纪 80 年代开始出现的“走穴现象”,其实就是文化创意人才市场供需变化的体现。体现出文化创意人才在总量上的增加、身份认定上的灵活、人才领域方面的扩大——例如开始出现简单的文化经营管理人才、文化经纪人才,等等。

在该历史阶段,我国文化创意人才的主要培养模式,一方面按照国家需要,设定岗位;按照岗位要求,制定培养计划,在体制内进行培养和教学;另一方面,根据市场的需求,开始按照市场规律进行相关文化创意人才的培养。一些体制外的培养机构慢慢出现。如个体经营户、挂靠在国有单位下面的机构等,开始在绘画、表演、服装设计等领域开办各种中短期培训班。但在师资、教学方法等方面,还是依托传统中高等院校的模式较多。

3. 1992 年至今:计划体制与市场机制逐步融合的文化创意人才培养模式

在这一历史阶段,由于改革开放的步伐加快,文化领域改革也随之加快,文化产业迅速发展,文化市场不断扩大,文化创意人才的数量、结构、规模、层次等,都不断朝着更高的程度发展。体制外的文化创意人才快速增多,尤其是在一些新兴文化领域,如互联网、电子游戏等,文化创意人才在数量上更是以体制外占大多数。从人员状况来分析,一方面,在体制内的文化单位,继续延续了根据需求,按照计划编制,定编定岗的模式;另一方面,越来越多的文化创意人才,根据市场需求,在市场中涌现、成长。并且,随着文化产业的快速发展、公共文化领域的功能延伸、文化消费的升级换代,文化创意人才无论在数量上还是质量上,都有了大幅提升。

基于该历史阶段的这一特点,我国文化创意人才的主要培养模式与以往有所相似,又有所不同。一方面,还是按照国家的需要来设定岗位,并按照岗位要求来制定培养计划,在体制内进行培养和教学。不过,其中有一个显著的变化就是:在中高等院校的专业设置上,出现了专门以“文化创意人才”为关键词的学科或专业,例如文化产业学科、文化产业专业等,开始系统地进行本科、硕士以至于博士等文化创意专业的人才培养。而这种情况在前面的几个历史阶段,是很罕见的。

另一方面,随着市场培养机构迅速增加,领域不断扩大,各种文化艺术培训机构成倍涌现。同时,根据市场的需求,出现了不仅仅针对文化创意创作人才的培训,也出现了针对文化产业经营管理人才的培训,比如在很多高校、相关政府部门下面的培训机构,都涌现出了不少以“文化产业经理人培训班”为名的课程。

三、我国文化创意人才培养的现状分析

随着文化体制改革的不断深入,以及文化市场的不断成熟,文化创意人才的培养逐步成熟起来,在不断探索中,取得了不少的经验,但也存在不少的局限。

(一)当前我国文化创意人才培养的经验和局限

首先,从培养路径来看,文化创意人才的培养路径可以说是体制内外结合,错位竞争。由于历史的原因,我国文化创意人才的培养按体制划分可分为体制内和体制外两种模式。当前来看,这两种模式各有优势,互为补充,同时又互相竞争。其中体制内文化创意人才的培养包括各高校、科研院所、政府党政机关内的培养。该培养模式历史悠久、体系全面,师资强大,能够集中力量办教学,有利于大规模的人才输送。这也是我国文化创意人才培养的主要模式。而体制外文化创意人才的培养,在形式上更为灵活多样,包括社会文化行业机构、各类业余教育平台等。这样的培养模式跟随时代变幻不断更新,面向市场,充满创造活力。

其次,从培养层级来看,中、高等院校各有优势。按教育层次划分,我国文化创意人才的培养可分为高职高校教育和中职院校教育,两者相互结合,各有侧重,共同构成了我国文化创意人才培养的完备体系。其中高职高校以培养具备理论知识素养、科研能力强、会经营、懂管理的高层次文化创意人才为主。而中职院校则大力推动职业教育,培养了大批具有实践能力,基层岗位需要的技术型、应用型文化创意人才。

我们必须要看到，虽然近年来我国文化创意人才的培养取得了较大进步，但依旧有着不少的局限，尤其是近年来随着我国文化创意产业新业态的迅速发展，对文化创意人才的要求也不断提高。实践证明，无论在质量上还是在数量上，传统的文化创意人才培养模式已跟不上飞速发展的国内文化市场。面对更加重视内容和创意的文化市场，现阶段我国文化创意人才的原创能力十分欠缺。我国文化创意人才培养正遭遇瓶颈，其局限性主要体现在以下三个方面：

一是文化创意人才培养的主体还不够丰富。目前我国文化创意人才培养的主体依旧是以学校为主，由各院校每年向外输送人才。然而由传统应试教育下培育出来文化创意人才在实际进入工作岗位之后，仍存在着其掌握的知识能力与社会发展相脱节的现象。对此，加大高校培养规模和改进高校课程设置，动员更多社会力量参与到文化创意人才的培育中来就显得尤为重要。如文化行业协会之间的交流合作、相关机构的职业教育、企业的岗位技能培训等都是文化创意人才培养的方式。目前我国社会力量的培养虽然有很大进步，但相比于国外，在数量和规模上还远远不够。多种社会力量培育文化创意人才也能使文化创意人才形成差异化竞争，有利于我国文化创意人才素养的总体提升。

二是文化创意人才培养的平台还不够丰富。随着科学技术的不断进步，传统的课堂讲授方式已远远不能满足现代人才的培养。丰富文化创意人才培养的平台也是加强培养手段的方式之一。新兴的新媒体手段、网络社交软件、微课、慕课等方式都是未来人才培养的新途径。例如“慕课”（MOOC），是新近涌现出来的一种在线课程开发模式，它是大规模的网络开放课程，它是为了增强知识传播而由具有分享和协作精神的个人组织发布的、散布于互联网上的开放课程。目前，最具影响力的 Coursera、edX 慕课平台已进入中国。在未来，慕课的规模将进一步扩大，对教师的教育理念和学生的学习方法产生巨变。甚至将对整个高等教育产生重要影响，现行的教育体制势必也会受到冲击。相信通过新型人才培养平台的出现，我国文化创意人才的培养模式将进一步多元优化，培育出更多适应新时代发展的优秀人才。

三是文化创意人才培养的思想还不够开放。创新既是文化的本质特征，那么文化创意人才培养也离不开创新开放的思维。目前我国高层次文化创意人才大多集聚在体制内，体制外高层次人才队伍的规模和总量都较为薄弱。但随着我国文化体制机制改革的深化，文化行业的瞬息万变，尤其在新兴文化行业领域更需要更多的高端人才集聚在体制外。我国高校教育体制为主的人才培养往往拘泥于传统的教学理念，如惯性教育思维，缺乏创新能力培养，课程设置分散，无法实现资源共享，实践教学环节较少等。体制内外的人才流动也受到限制，人才流动的制约大大降低了人才的创造性和主动性。而要补齐高层次文化创意人才缺失这块短板，则必须运用多元、开放、新颖的人才培养思路，丰富培养形式，完善培养内容，培养更多具有创造活力、适应市场竞争的新型文化创意人才。

(二) 当前我国文化创意人才培养的新要求

随着时代的发展，新兴文化形态层出不穷和文化多样性的发展都使文化创意人才培养面临挑战。本文从上述两个视角切入，探求文化创意人才培养的新模式。

1. 从新兴文化形态的角度来看，对文化创意人才培养提出的新要求

首先是新兴文化产业的发展对文化创意人才培养提出的新要求。新兴文化业态是高科技与文化融合的产物，特别需要高素质人才来支撑。文化以极大的包容度与其他产业融合发展，如互联网产业、艺术金融产业等。这就要求文化创意人才不但要精通文化，更要懂多种领域的相关知识。目前，懂得如何将传统的文化转入市场，能将文化变为产业，既懂文化又懂经济，既懂开发又懂市场，既懂产业又懂法律，既懂技术又懂市场用途的外向型、创新型、复合型、学术型的人才并不多见。这也是新兴文化产业的发展对文化创意人才的培养提出的更高要求。

其次是新兴文化样式的出现对文化创意人才培养提出的新要求。随着我国文化体制机制改革的深化，文化行业瞬息万变，伴随新兴文化产业出现了很多新兴文化样式，如网络小说写作、网络视频直播、微电影、微课等。这些新体验的出现也对文化创意人才的培养提出了更高的要求。面对新兴的文化市场，体制外肥沃的培育环境更有利于文化创意人才获取源源不断的灵感、敏锐的市场觉察力，同时不断保持自身的竞争活力。目前我国高层次文化创意人才大多集聚在

体制内，体制外高层次人才队伍的规模和总量都较为薄弱。但随着我国文化体制机制改革的深化、文化行业的瞬息万变，尤其在新兴文化行业领域更需要更多的高端人才集聚在体制外。要着力加强人才培养力度，着力造就一批拥有扎实专业知识、具有艺术创造力、掌握现代传媒技术，深谙市场运作的专门人才，不断推进文化的大发展大繁荣；完善文化创意人才工作体制机制，适应文化领域深化改革的需要，建立完善有利于优秀人才脱颖而出、人尽其才的体制机制，打破体制内外文化创意人才区别划分，创建内外融于一体的文化创意人才社会体系。

再次是大型文化企业的出现对文化创意人才培养提出的新要求。现代大型文化企业的出现意味着文化创意人才在实际操作过程中会涉及创意、经营、管理、技术、营销等多个环节。拥有单一技能、知识面广的学术型人才并不稀缺，而既懂文化又懂经济，既懂开发又懂市场的复合型、创新型、交叉型的高级管理人才则不多见。因此，人才培养的目标也应该多元化，我们应结合文化产业的实践，在对产业需求深入了解后，改革现有的落后的文化创意人才培养模式。

2. 从文化多样性的角度来看，对文化创意人才培养提出的新要求

首先是全球化对文化创意人才培养提出新的要求。当今世界正发生着广泛而深刻的变化，经济全球化和信息化的深度和广度在不断拓展。特别是在进入以知识为核心竞争力的全球化时代背景下，当代中国也在发生着深刻的变革，工业化、信息化、城镇化、市场化、国际化加快推进。通过发展创意产业促进经济增长方式的转变已成为发达国家和地区普遍采取的重要战略选择。在创意产业迅猛发展的浪潮下，国际竞争的制高点在于制脑权，制脑权的落脚点在于优质的人才资源。由于受到文化多样性的冲击，对文化创意人才培养的要求进一步提升。国际人才需要具备宽阔的国际文化视野、突出的外语水平等。

其次是现代化对文化创意人才提出的新要求。与传统文化发展方式相比，文化产业以原创力为生命力，在当代与新媒体和互联网紧密相连，取得了非比寻常的创新发展。它对创新和创意的永恒追求，可以激发文化的创造活力，由此引发深刻的文化变革。党的十九大报告提出“要推动中华优秀传统文化创造性转化、创新性发展”。我国深厚的传统文化资源确是“创意内容”的重要活水源泉，中华民族的传统文明至今闪烁着耀眼的光芒。随着我国现代化进程的推进，如何进一步传承发扬传统文化，如何在现代文明与传统文化两者之间找到平衡，如何将中华传统文明进行现代化产业运作使其在新时代焕发新的光彩等问题受到热议。这对文化创意人才的文化素养也提出了更高的要求，博古通今、能够跳出书本推陈出新的现代人才才能实现传统文化与现代文明融合互补。通过运用大量现代科学技术手段开发各类文化资源，不断对传统文化资源进行改造和提高，以创意产业联合带动科技和文化共同发展的共识。以文化创意为催化剂，充分调动历史文化资源，对文化创意园区与城市旧区进行改造。从传统文化资源到现代产业化的转化对各类文化创意人才有巨大需求。

“创意+”视野下文化创意人才培养的新思路

吴　非、刘　铁*

摘要：本文提出了“创意+”的概念，探讨以“创意+”融入文化创意人才培养的重要性和必要性，提出“创意+”背景下文化创意人才培养的新机制，并力求实现当前高校文化创意人才培养模式的创新与变革。

关键词：文化创意；文化产业；人才培养

一、何为“创意+”

在经济全球化、网络媒体高速扩张、社会资源共享的当今时代，创新能力已成为国家和个人竞争力的核心要素。其中，个人创新成果的获取取决于个人的创造力、技能和天分。20世纪90年代，英国最早将独立的“创造性”概念引入文化政策，英国文化媒体体育部在发布的《创意产业图录报告》中正式提出并界定了“创意产业（Creative Industries）”的概念及其具体的产业部门。这是创意产业首次作为一个专有名词正式出现在文献中。该报告将创意产业定义为，起源于个体创意、技巧及才能，透过智慧财产权的生成与利用，而有潜力创造财富和

---

* 吴非，上海社会科学院2016级硕士研究生，主要研究领域为文化产业；刘铁，上海视觉艺术学院教授，主要研究方向为传统文化资源与文化产业、文化理论。

就业机会的产业。①

文化创意产业是国民经济和社会发展的重要支柱产业，是推动创新驱动发展、经济转型升级的重要动力。②伴随着信息社会的纵深发展以及精神产品与物质消费产品的界限淡化，源于"个人意志"的创造力已渗透于当今经济与社会生活的方方面面。个人的智慧、个体的创造能力和创新精神成为创意经济可持续发展的关键。

因此，"创意＋"模式是未来文化创意产业发展的新趋势和新方向。本文将"创意＋"定义为以创意为核心，将创意与个人的技能、知识、个性相融合并创造新颖活力的文化产品的一种新思维和新能力。

二、以"创意＋"融入文化创意人才培养的重要性和必要性

人才是事业发展之本，离开了人才谈发展，便如无源之水。文化的发展必须把人才摆在首位，尤其要把创意性人才放在整个产业发展的突出位置，他们是文化事业和文化产业发展的核心力量，是产业发展和创新的源动力。英国把文化创意产业直接称为创意产业，即强调了个人创意对文化创意产业发展的突出贡献。通过依靠人的智慧、技能和天赋，对文化进行内容、形式、体裁、载体上的创造性新开发。由于"创意"本身具有高渗透性和高增值性，它与人才的技能、知识、个性相结合不仅大大提升了文化内容的创造性，为传统产品增加新的价值元素，释放出新的文化生产力，更能促进人们的精神文化消费，并与各行业交融形成强大的辐射力。"创意＋"战略即将创意的这一特性进一步发挥，强调通过人的大脑对产品进行一定文化层面的创造性"加工"，从而使文化内容产生经济附加值或利益的一种新模式，也是使个体智慧附加增值的新途径。毫无疑问，在文化创意人才的培养中贯彻"创意＋"的战略是未来我国文化发展

---

① 厉无畏、王慧敏：《创意产业新论》，东方出版中心 2009 年版。

② 《关于加快本市文化创意产业创新发展的若干意见》，上海市人民政府 2017 年 12 月 12 日印发。

的重中之重。

（一）“创意＋技能”：未来文化创意人才的基本能力

“创意＋技能”指的是将创意融入人才的个人技能之中，两者相结合是未来文化创意人才的基本能力。在未来，仅仅掌握一般技能和知识的文化创意人才远远不能胜任极富创造力的工作。想要在激烈的社会竞争中脱颖而出，必须在原本掌握的技能上赋以个人智慧和灵感的投入，才能产生更大的竞争力。兼备创意和技能的文化创意人才是具有创意精神的高超匠人。例如，中华传统工艺传承的核心便是创造性的手工劳动和因材施艺的技能制作。随着经济社会发展水平的提高，中国传统文化的元素日益回归到人们的视线中，传统元素结合个性化的品质追求正成为一种生活方式。“新手工艺”“重拾手作传统”等名词在社会大众中的接受度越来越高，参与的人数越来越多。采用传统工艺元素生产的新日用品和文创产品也越来越受到大众的青睐和市场的欢迎。可以说，当前传统工艺发展已站在一个新的历史起点上，传统工艺振兴迎来了最有利的条件和历史时机。文化部、工业和信息化部、财政部联合制定的《中国传统工艺振兴计划》中提出要在当代社会推动传统工艺振兴，挖掘创造性手工的价值，弘扬工匠精神，厚植工匠文化，实现中华优秀传统文化的创造性转化和创新性发展。①

（二）“创意＋知识”：未来文化创意人才的基本素质

“创意＋知识”指的是运用脑力劳动的员工从事创造性工作，他们能够利用知识或信息，通过创意、分析、判断、综合、设计等智力性创造进行知识融合和成果创新，为企业带来创新性产品和知识资本增值。在创意经济时代，文化创意人才扮演着极为重要的智力资本的角色，仅拥有文化素养远远不够，他们必须具备较强的学习知识和创新思维的能力，自主自觉地将专业知识运用到文化产品和

① 《中国传统工艺振兴计划》由文化部、工业和信息化部、财政部制定，2017年3月发布。

内容的研发生产中创造财富。因此，只有具有深厚底蕴的文化工作者才能生产出紧跟时代、受到民众喜爱的优秀文化作品，才能将企业做大做强。例如，在风景如画的江南水乡乌镇，其多彩的文化艺术，浓郁的人文历史，无不令人心驰神往。这些以特色产业为主导，功能复合的特色小镇实质是文化小镇。乌镇完成了从最初的观光旅游小镇，到度假小镇，再到文化小镇的转型升级。有关专家提出“历史街区再利用”的理论，并将乌镇从观光型古镇打造成了国际性的著名的休闲旅游目的地小镇，自乌镇保护开发伊始，制订了“规划先导、分步实施”的工作方案；确立了“生态保护、环境第一”的原则；以“区域氛围高度协调，重点建筑妥善保护”为工作重点，在古镇保护开发中实施了管线地埋、修旧如故、文化传承等一系列保护理念与措施，将小镇打造为吸引游客、吸引资本、产业集聚的新平台。随着我国文化创意产业的日益壮大，期待越来越多像这样敢于突破传统、大胆创新的文化人才涌现。

（三）“创意＋个性”：未来文化创意人才的品牌特色

“创意＋个性”指的是创意思维融入个人特点而创造的全新的品牌特色。与其他人才相比，文化创意人才在个人特质、心理需求、工作特征及价值观念等方面都有各自的独特之处。文化创意人才一般具有很强的独立自主意识，他们受教育程度较高，追求自由性、个性化、多样化，不愿意受制于一些刻板重复的工作形式。他们是生产链条中最富有活力的群体，占有着知识资本，大多从事的是创造性的脑力劳动。他们工作的目的更多是为了实现自己的个人价值。新时代要求文化创意人才所从事的不是简单的复制性工作，而是在复杂多变和极具挑战性的社会背景下依靠自己的创意和灵感进行的工作。他们渴望看到工作的成果，注重他人及社会的评价，希望得到社会的认可和尊重。正是这些强烈鲜明的性格特征能够促使一些极具个人色彩的特色品牌的诞生，这也是未来文化创意人才的品牌特色。例如，三宅一生是日本著名服装设计师，他以极富工艺创新的服饰设计与展览而闻名于世。他的独创性已远远超出了时代的和时装的界限，以他名字命名的服装品牌也极具个人特色，“创意＋个性”便是其品牌最大的成功之处。巴黎装饰艺术博物馆馆长戴斯德兰呈斯称誉其为

“我们这个时代中最伟大的服装创造家”。他创新的关键在于另辟蹊径,重新寻找时装生命力的源头,从东方服饰文化与哲学观照中探求全新的服装功能、装饰与形式之美。结合自己的理解设计出前所未有的新观念服装,即蔑视传统、舒畅飘逸、尊重穿着者的个性、使身体得到最大自由的服装。强烈的个人特色使其品牌独树一帜,引领潮流。反观我国,真正被国际认可的服装设计师少之又少。究其原因,仍是模仿的盛行和创意的缺乏。如果中国的设计师能够立足于中华文化传统审美来进行有个人特质的原创设计,想必定能在国际上占有一席之地。

三、“创意+”视野下文化创意人才培养的新机制

在“创意+”的视野下,文化创意人才培养的改革与发展,需要在工作机制上有所突破;这一突破,无论是政府部门的工作机制,还是社会组织的工作机制,甚至院校内部的工作机制,都需要改革和创新。

(一)当前政府部门在文化创意人才培养上的情况分析

1. 文化部门:文化部门对文化创意人才的使用情况,对文化创意人才的培养有间接的影响力。除了高校以外,文化创意人才的培养主要依靠文化部门推动实施。各系统、各部门每年都会明确和落实用于人才培训的经费。例如,作为文教结合推进文化创意人才培训的重点项目,上海每年对公共文化从业人员进行万人培训,该计划于2012年年底立项,2013年5月正式启动,即上海市文广局以政府购买服务的方式,委托上海视觉艺术学院对全市体制内外各级各类公共文化从业人员进行系统培训,力求实现对全市公共文化从业人员的全覆盖。培训将短训班、专题讲座、互动交流、艺术体验等课程相结合,通过分类管理,增强参训人员的专业对口性。让学员在提升素养的同时,提高了实务操作能力及业务水平。市委宣传部每年还会根据实际需求与有关高校和社科院合作开设艺术硕士学位班、戏剧影视高级编剧进修班、戏剧作曲进修班、作家研究生班等培

训班，目标清晰地培养一批高端紧缺人才。

可见，文化部门提供的扶持对于具体岗位上的人才培养更具针对性，政府部门的组织能够优化培训资源，对文化创意人才短期“再培养”的作用效果也更显著。

2. 教育部门：随着文化创意产业在中国的兴起，面对社会和市场对创意人才迫切的需求，教育部门也在国内各大院校实施开设相关专业，建设相关学科、确定人才培养方案的行动。目前院校是我国人才培养的中坚力量，对文化创意人才的培养有着直接的作用和影响。院校是否能构建多样、完整、通畅的创意人才的培养通道、扩大创意人才储备已成为文化市场健康长效发展的关键。相关教育部门应建立文化创意人才培养链条的长效机制，树立发展创造性教育、创新教育和创业教育等理念。如加快创意学科专业的结构调整，扩大培养规模，整合各学科优势培养复合型文化创意人才。同时引导院校在专业设置、课程设置方面坚持人才培养与社会需求相统一的原则，加强对人才市场紧缺的文化创意设计等原创高端人才的培养，以确保文化创意人才链条各环节的完整性。

（二）政府对文化创意人才培养需要有一整套新机制

在文化创意人才培养的过程中，政府无疑扮演着非常重要的角色。政府结合自身的特点，制定好相应的发展计划，完善用人机制，对文化创意人才加大扶助力度，创设良好政策环境，将为文化创意人才的健康茁壮成长保驾护航。文化创意人才的发展前景主要取决于政府能否对文化创意人才进行有效的扶植培养并在人才管理方面进行持续的创新。

文化创意产业发达国家运作的经验表明，政府在文化创意人才培养中所扮演的角色更多是战略层面上的服务，而不是微观层面的操纵者。比如提供透明、公平的市场竞争环境，建立灵活、高效的评价机制，架设宽容、简便的服务平台等。政府不应该是主导文化市场的操盘手，而应成为文化创意产业发展提供各种条件保障的服务者和协调者，在文化创意人才培养中主要承担的任务是通过制定新的培养机制而实现广纳人才。

政府对文化创意人才培养的新机制主要包括以下四个方面:

1. 对文化创意人才的认定需要更加灵活的机制

通过开展文化创意人才认证工作、建立文化创意人才测评系统、加强文化经营人才考核评价等办法,既使文化创意人才的评定有了统一的标准,又能使得文化创意人才能够在评价体系中发现自己的才华和能力。如成立于 2004 年 7 月的上海市职业能力考试院文化创意人才认证中心,是上海市职业能力考试院分支机构,负责本市各类文化创意人才职业能力认证工作,指导各类文化创意人才认证项目的开发和实施。根据《上海市文化创意人才职业能力认证目录》,目前全市已有 2 000 多人获得了相关认证。①

鉴于文化创意人才涵盖范围之广,政府应对文化创意人才的认定实行更加灵活的机制。对于已掌握十分丰富的专业知识、领先的专业技术,创意潜能被充分激发,对产业和市场十分了解或是能够较准确地把握产业的发展方向和市场需求的文化领域人才,均可能成为有力推动文化发展的高端人才。此时,政府对文化创意人才的灵活认定机制主要是为促进与文化有关的高端人才充分施展才华,并使其才能随着产业的发展继续精进。

2. 对文化创意人才的评估需要更加有效的机制

要建立健全文化创意产业人才评估体系,制定一个能得到体制内外共同认可的文化创意人才评价体系。这样的评价体系要充分吸纳社会各界的意见,应符合社会潮流、面向全社会征求意见。例如可以从社会影响力、艺术影响力、行业公信力等因素来判断。

另外,还可以在对文化创意人才进行综合评估的基础上,按照标准给予不同的或有形、无形的优惠政策。与此同时,建设高层次的文化创意人才的网络信息数据库,并通过该数据库中高端人才信息的开放共享,探索建立高级人才信息管理协调制度,最大限度地发挥人才的作用。

---

① 数据来源:中共上海市委宣传部。

3. 对文化创意人才的任用需要更加便捷的通道

在任用机制方面，要不拘一格地破除学历、户籍、性别等束缚人才发展的壁垒，在培养、选拔、任用和管理各个方面，建立完善的吸引人才、留住人才的政策，为用好人才创造良好条件。制定有力度的文化创意人才引进配套条件，为人才提供有吸引力的购房补贴、工作启动资金等。上海在引进文化创意人才方面始终走在前列，为优秀的文化创意人才创造更实在的落户优惠以吸引更多人才留在本地。例如，专门制定了《关于加快上海文化创意人才高地建设的若干意见》《关于加强上海高层次文化创意人才队伍建设的办法》等文件，推动文化创意人才的培养和引进。设立每年 500 万元的文艺人才奖励资金，用于资助、奖励、引进优秀文艺人才。同时，建立优秀文化创意人才进沪落户的“绿色通道”，为非本市户籍的人才在沪工作申领居住证提供方便，为优秀人才申办户籍。这些举措都使上海对外来优秀文化创意人才更具有吸引力。在国家层面，也要深入推进实施国家“千人计划”，加强国内外优秀人才的引进。只有加强制度创新，实施政策突破，才能用好文化创意人才，才能加快文化创意人才的培育。

4. 对文化创意人才的权益需要更加高效的保障

当前，文化创意人才的权益保障还未受到各方的充分重视。一些高层次人才的工作平台因为缺乏投入，影响正常的运行。如一些文艺院团因为经费紧张，在人员收入、教育培训、业务发展方面都受到一定影响，留不住优秀的文艺人才。同时在知识产权保护问题上，由于监管不到位，对侵权行为的处罚力度不够，在一定程度上也制约了文化创意人才的创新积极性。针对这些情况，除了在总体上加大对文化领域的拨款与投资之外，更应注重对文化创意人才权益的保障和激励。例如，搭建信息平台，建立文化创意人才信息共享机制。大力推动文化创意人才库的建设和深化，建立领军人才、拔尖人才以及“后备队”信息库。根据《文化创意人才开发专项目录》，在高层次、紧缺人才的需求上不断推进相关信息的建设。使得用人单位能对文化创意人才工作的领导更有效，在文化创意人才资源的宏观调控上更加科学，为今后高端文化创意人才队伍建设提供高效、便捷、实用的保障流程。

（三）“创意＋”视野下社会力量的广泛参与：文化创意人才培养需要社会各界的共同合作

1. 创业 · 资本：文化创意人才培养需要市场力量参与

面对市场的复杂多变和人们对更高品质文化产品的追求，文化创意人才的培养光靠政府远远不够，更需要市场力量的参与。市场力量的参与能使文化产品更具竞争活力。

如众所熟知的新东方，全名为北京新东方教育科技（集团）有限公司，是国内规模最大的综合性教育集团，同时也是教育培训集团。公司业务包括外语培训、中小学基础教育、学前教育、在线教育、出国咨询、图书出版等领域。同时在基础教育、职业教育、教育研发、出国咨询、文化产业等方面取得了骄人的成绩。作为中国著名私立教育机构，新东方教育科技集团于 2006 年 9 月 7 日在美国纽约证券交易所成功上市。截至 2014 年 5 月，新东方已经在全国 50 座城市设立了 56 所学校、31 家书店以及 703 家学习中心。新东方品牌在世界品牌价值实验室（World Brand Value Lab）编制的 2010 年度《中国品牌 500 强》排行榜中排名第 94 位，品牌价值已达 64.23 亿元。近年来，新东方也不断开拓新市场，吸收社会资本，在 2014 年与腾讯达成了战略合作关系，并成立合资公司——微学明日网络科技有限公司，实现营业收入和用户的增长。①

由此来看，现代文化产业的运作离不开金融资本的支持。美国好莱坞、百老汇等产业也是在华尔街资本的投入下运行的。只有通过“文化＋资本”的模式，创意才能产业化发展。同样，产业化的运作又能进一步带动文化创意人才的培养。

2. 团队 · 社群：文化创意人才培养需要社会力量参与

除了文化资本的融入，社会各界的参与对文化创意人才培育起到的作用也不容小觑。随着社会经济的发展，越来越多的高层次文化创意人才集聚到以“创

---

① 资料来源：新东方官网，http://www.xdf.cn/zhuanti/help/develop.html。

意社群”为核心的群落之中，成为文化创意活动的实践者、开拓者和引领者。

相较于官方活动，一些非政府团体的活动往往在人员组成上更丰富多元，在形式上更灵活多变，在想法上更独特创新。社会群体与团队合作的模式可以加强集群内文化创意人才的动态联系，构成立体的、多元交织的合作链条，形成融合的集群效应和多种文化创意人才互补聚合的优势。不仅有利于文化市场上大量复合型专业人才的建设与良性成长，还能对优秀创意成果的成熟孵化起到积极作用。例如，联合国教科文民间艺术国际组织（INTERNATIONALE ORGANISATION FüR VOLKSKUNST，简称 IOV），是一个致力于世界传统文化、民间传统艺术以及民间非物质文化遗产的保护与发展的国际性非政府组织，也是联合国教科文组织唯一一个以保护和挖掘国际民间艺术和民间文化遗产为主要工作中心的国际机构。IOV 的会员组织分布于 175 个国家及 8 个岛屿地区，其中包括政府文化机构、各国官方部门及非政府组织，如研究机构、博物馆、大学、基金会、工会、协会、文化艺术公司、艺术节的团体、学者、专家，及民间艺人等近 4 000 多名会员。IOV 以开展各种文化交流活动的方式来促进世界各民族之间的相互了解及尊重，从而以实现维护世界和平的理想为宗旨，大力扶持和帮助世界各国的民间艺术组织、民间文化机构、艺术机构，加强对全世界非物质文化遗产的保护，推动民间艺术与文化资产的发展计划。在维护和保存世界各民族的民间艺术与文化资产，促进民间艺术与文化资产的发展，协助各国民间艺术团体的相互交流，支持和推动国际各民间艺术会议、研讨会、艺术节等活动，增进在民间艺术上的科学研究以及国际信息的有效流通等方面起到了积极的推进作用。①

依托城市现有的文化资源，吸引一批对文化有热情的人才和团队加入“文化创意社群”的队伍中来是不断培养富有规模、富有活力的文化创意人才的培育过程，也为促进青年创意人才脱颖提供了机遇。

四、“创意+”视野下高校文化创意人才培养模式的创新与变革

文化产业作为智力密集型的产业，创意人才是产业发展的核心。而目前我

---

① 资料来源：国际民间艺术组织（IOV）中国官网。

国优秀的创意人才资源较为稀缺，加快培养高素质的创意人才是发展文化创意产业最迫切的要求。在当代，尽管文化创意人才来源广泛，但输送文化创意人才的主渠道无疑是高校。通过高校教育系统培养文化创意人才，是我国发展文化创意人才培养的最主要方式。高校是文化创意人才最重要和最基本的生产地。目前我国高校几乎普遍开设了与文化创意相关的专业，并结合本校固有的优势学科进行人才培养。

（一）我国高等学校文化创意人才在培养上面临的主要问题

尽管不少高校已经开设了文化创意产业的相关专业和课程，但事实是文化产业专业的毕业生难以找到对口的工作，而社会对文化创意人才又有极大的需求度，这一缺口的存在说明目前的专业培养模式、教学方案等都尚不成熟且存在较大的问题，已难以满足创意产业发展的人才需求。作为一门兴起时间不久的学科，在如何培养符合社会需求的人才的问题上依然有许多问题值得探讨。总的说来，我国高等学校文化创意人才在培养方面面临的主要问题有：

1. 培养定位模糊

由于文化产业涵盖范围之广，人才培养的目标也应该是多元化的。而现实是，我国高校在没有明晰的专业定位的情况下，在人才培养目标上往往单一化。我们国家并不缺乏拥有单一技能的艺术人才、设计人才、表演人才等。但在掌握专门技能的前提下，兼通较高的文化艺术涵养，又能具有较强的创新能力和实际运作能力的学生较少。高校的专业设置、课程开发、教材选用、教学方法、考核形式等都在一定程度上决定着文化创意人才的培养方向和人才创新潜能的开发，也决定着文化创意产业的发展方向和发展速度。但目前，虽然我国的综合大学、艺术院校，以及职业技术学院纷纷开设创意产业的相关专业，但在我国高等教育体系中，创意学科却没有归入统一的一级学科目录，而是分散在各个学科之下，有归于人文类的，有归于经济类的，也有归于管理类的。各个高校对其学科归属和划分的不明确使这一学科的地位十分尴尬。也正因如此，文化创意产业的职业技术学院专科生、本科生、研究生的培养目标等没有明确的定位，各个高校的学科教学计划不尽相同。同时,文化产业专业综合性强和多学科交叉的特点又增加了统一专业教材的难度。

因此,文化创意产业专业的教师应尽快在掌握中国文化产业发展的特点和规律的基础上,对我国的文化产业专业理论或实践进行系统的梳理和总结。根据创意产业发展的实际需要,及时调整培养教育方略,培养出合乎社会需要的各层次创意产业人才。

2. 培养模式单一

作为一门还在成长中的学科,该专业缺少相应的师资储备,学科教师的专业背景也各不相同,大部分教师和管理人员都是短时间内从其他传统专业转入这一领域来的。从目前全国各校的师资来源来看,师资专业背景主要有以下三种情况:一是文史哲类专业转入;二是经济管理类专业转入;三是影视艺术类专业转入。总之,鲜少有出身文化创意产业的专业对口的教师,大多教师为跨专业学者。这些教师尽管在本专业内学术水平很高,但在文化产业的专业教学上往往都有共同的问题,如学科知识结构单一、文化创意学识储备不足,对文化产业缺乏整体宏观的认识,对文化产业发展的变革趋势和专业建设把握还在形成中,没有行业实践经验或者实践经验单一等。这也导致学校创意产业相关专业的教师不仅存在教学水平、科研能力等方面参差不齐的问题,还存在师资力量单薄,专业教师流失转岗等现象。特别是符合专业特性的既懂理论又会技能的复合型教师更为缺乏。

随之而来的便是文化创意专业教学方法的陈旧乏味问题。目前我国多数创意产业相关专业的教育培养模式主要是课堂讲授。和五彩缤纷、精彩迭出的文化产业实践相比,很多高校的课堂教学还停留在单纯的理论授课阶段,在课程设置上过于刻板化,没有针对性,既没有丰富的创意启发,也没有实践操作的指导。从理论到理论的学习让学生学之无味,弃之可惜。学生虽能从课堂上学到一些理论知识,但他们的好奇心和创意潜能未被激发,个性特长和创造性思维无法得到激发和提高。同时,重理论、轻实践的教学使学生无法将理论知识与实践经验相结合,这是导致学校教育与社会实际需求相脱节的主要原因。这也与"创意+"的新培养模式相违背,不利于培养复合型的高端创意人才。

实践性、创意性是文化产业专业的本质属性。由于其本身的特殊性，专业涵盖范围广，跨界融合程度高，高校应打破学科壁垒，建立健全学科体系，形成多门类、跨学科培养的教育体系。吸纳更多年轻优秀的教师为文化产业的教育事业添砖加瓦。在专业和课程设置上也应了解市场需求，坚持理论与实践相结合、教学与就业相统一的原则，加强对创意设计和创意策划这类市场紧缺的高端人才的培养。高校还应根据市场变化及时调整教学内容，根据自己学校的现实情况，从实际出发，取长补短，形成自己的办学特色。同时，突出实践实训与特色教学，强化对学生创新意识的培养。培养具备多方面能力的复合型创意人才，形成创意产业人才链，使创意产业高速成长并与其他产业高度融合发展。另外，为满足创意产业对人才的大量需求，也可在高校增设创意产业相关的专业，扩大教育规模。

（二）"创意+"视野下各高校文化创意人才培养模式的新变化

从变化路径来看，主要有传统综合性大学的文化创意人才培养模式创新、传统专业院校培养模式创新、新兴高校培养模式创新等。

以传统综合性大学的文化创意人才培养模式创新来看，1993 年，中国第一个与文化创意产业相关的四年制本科专业在上海交通大学成立——这一"文化艺术事业管理"专业以"文化经济"为专业方向，标志着文化经济学的理论研究与学科建设进入了中国学术界的视野和高等教育领域。2003 年 10 月，山东大学、北京大学、清华大学、上海交通大学等七家高校联合成立发起"全国高校文化产业研究与学科以'文化经济'为专业方向建设联席会议"。会间商定，依托山东大学文史见长的学科优势，牵头向教育部申请在高校中增设文化产业管理专业。①2004 年 3 月，教育部下发《关于公布 2003 年度经教育部备案或批准设置的高等学校本专科专业名单的通知》，正式批准在山东大学、中国传媒大学、中国海洋大学和云南大学四所高校中首先开设文化产业管理专业，授管理学学士学位。这

① 山东大学文产管理专业十年历程系列之一，中国文化创意产业网，2014 年 12 月 26 日。

标志着文化产业管理专业的正式设立。①

山东大学文化产业管理专业设立于2004年，隶属于山东大学历史文化学院，为最早设立文化产业管理专业的四所高校之一，是文化产业管理专业的创始高校之一。山东大学的文化产业管理专业建设已逾10年。率先在全国高校中建成文化产业本硕博学科平台和人才培养体系，最早设立文化产业管理专业硕士点和文化产业博士后流动站，其办学理念及专业课程设置被国内多所高校借鉴。

成立于2013年10月的山东大学文化产业俱乐部是以山东大学文化产业管理专业的学生为核心的学术科技类社团，简称山大文俱(SDUCIC)，是中国具有代表性的文化产业学生社团。学生社团以“精深文化产业，共筑多彩未来”为宗旨，活动以学术讲座、学习交流以及创意大赛和社会实践为主。俱乐部自成立以来日渐活跃，形成了如“中国文化产业高端对话”“文化产品设计大赛”等品牌活动，与全国很多学校的文化产业相关组织建立了合作关系。社团还积极与社会文化企业相联系，经常邀请知名文化产业专家、从业者做讲座，为国内文化产业学生的交流提供了良好的平台。

此外，北京大学于1999年年初成立了文化产业研究院，隶属于艺术学院，其前身是北京大学文化产业研究所。是以整合北京大学文化产业相关研究资源，深化文化产业理论和政策的研究，培养高级经营管理人才，促进产、学、研一体化，推动我国文化产业发展为宗旨的跨学科校级研究机构。研究院与中国电影集团公司等建立了战略合作伙伴关系。

值得注意的是，北京大学文化产业研究院致力于成为全国文化产业人才培训基地。为了解决文化产业领域内人才需求和高校培养脱节之间的矛盾，研究院从2001年开始与美国时代华纳公司合作开展文化产业经营管理人才的高级培训，打造“北京大学文化产业经营管理高级研修班”这一品牌培训，该班为我国文化产业的发展输送了大量的高端经营管理人才，从而使研究院的人才培养和学术研究进入了一个良性循环的发展通道。此外，研究院还通过承接政府部门委托或与国家文化部相关机构联合办学的方式，针对文化产业管理领域或具体

---

① 山东大学文产管理专业十年历程系列之一，中国文化创意产业网，2014年12月26日。

行业，组织各类型的长期、短期、中期的专业研修班和培训班，逐步建立和完善了文化产业的人才培训体系，形成了“国家文化产业人才工程”这一培训品牌，共培养学员2 000余名。①

在传统专业性高校的文化创意人才培养模式创新方面，一些传统的专业性高校在培养文化创意人才方面则依托自身的专业学科优势，在教学过程中向本校的优势方向倾斜，培养“文化＋优势学科”的复合型人才，准确定位，定向培养。

以华东政法大学为例，法学是该校的传统优势学科。其文化产业管理专业下属于新闻学院，专业特色便是在开设文化产业管理专业基础理论课程的同时，注重加强法学类、经济学类课程的设置，力求促进学科融合，着力培养既有文化产业管理专业知识，又兼具法学、经济学理论知识的复合型应用人才。与其他高校相比，在培养文化政策法规、文化市场管理等方向的人才上更有先天优势和条件。同时，在教学方式上，注重课内与课外相结合。学院教师注重在课堂理论教学中注入实践教学环节，通过运用启发、讨论交流等教学手段，激发学生思维创新能力。学院现有400平方米的文化产业创意实训中心，可为学生提供实践教学支持。

值得一提的是新兴民办高校的文化创意人才培养模式创新。与传统高校侧重专业理论的教学不同，近年来，一些新兴的民办高校同样在文化创意人才培养方面别有优势。通过不断探索和实践，逐步走出了一条培养复合型、创新型艺术人才的多元化道路，为我国高校培养模式提供了新的参考与借鉴。

作为上海唯一一所综合类视觉艺术高等院校，上海视觉艺术学院引领大视觉的艺术概念，构筑大视觉艺术创意的平台，致力于探索贴近产业、融入社会的开放办学模式，以及产学合作和资源共享的人才培养模式。以上海视觉艺术学院文化创意管理学院为例，下设文化产业与公共文化两个方向，侧重艺术产业与公共文化创意人才的培养。其中文化产业管理专业又分为文化策划与管理、赛事营销与场馆管理、艺术创意传播和非遗传承与创新、品牌战略与管理这四个具体方向。学校依托上海市文广集团等多家实力雄厚的文化产业实体与上海社会科学院联合共建。特聘术有专攻的顾问、专家、学者担任客座教授，为学生提供

① 资料来源：北京大学文化产业研究院，http://www.ici.pku.edu.cn//jggk/jgjj/index.htm。

优质课程资源。“需学研产”一体化是学校最大的办学特色。这所新型艺术学院致力于培养人文艺术修养和专业实践能力俱佳，具备专业素养、创新意识和企业家精神的复合应用型人才。在课程设置上，通过基础通识、现场见习、专业教学、社会实践等环节，将案例教学和实训合于一体。既能增强学生的学术基本功，又能在专业实习过程中强化职业综合技能。

再如，在国际合作办学的文化创意人才培养模式创新方面，成立于2014年的上海温哥华电影学院，由上海大学和加拿大温哥华电影学院合作办学，引进北美电影教育模式，系国内第一所也是目前唯一一所以北美师资、英语教学为主，以好莱坞电影工业规范为教学内容的中外合作高等教育学院。学校的课程设计以满足产业需求为目标，包含高浓缩、高强度的实践教学，并以同步打造的“环上海大学国际影视产业园区”为依托，学生可以优先享有园区创作实践、创业就业优惠政策及机会。学院为有志从事电影行业者提供高质量的电影教育，直通蓬勃发展的中国和全球电影产业，将成为培养富有创意并符合国际电影生产需求的高端艺术人才摇篮。这些文教结合、校企联动的模式都是未来创意产业发展的新动力。

各高校文化创意人才培养模式的探索与实践都是我国文化创意产业现阶段的发展成果。未来，相信“创意+”的理念会越来越多地渗透到文化创意产业人才培养的方方面面，继续壮大我国优秀文化创意人才的队伍。

上海文化创意人才现状和培养方式的思考

冯 佳*

摘要：文化创意人才是文化创意产业发展的关键，对文化创意人才进行研究具有现实意义。本文具体介绍和分析了上海市文化创意人才队伍现状，指出其中存在的问题和不足，并给出一整套从通识教育到系统实务培训、从地方政府支持到社会培训机构、从文创产业园区到产学研相结合的人才扶持培养体系。

关键词：文化创意；人才；培养方式

党的十七届六中全会指出，推动社会主义文化大发展大繁荣，队伍是基础，人才是关键。2014年3月14日，国务院印发《关于推进文化创意和设计服务与相关产业融合发展的若干意见》(国发〔2014〕10号，以下简称《意见》)，提出要强化人才培养，到2020年，在文化创意和设计服务先导产业领域培养一批高素质人才。对上海而言，从2004年起就率先提出推动创意产业发展，十多年来已取得令人瞩目的成绩：2014年，上海文创产业增加值占到GDP比重的12%，提前一年完成“十二五”规划目标。文化创意产业正在成为引领和支撑上海新一轮发展的支柱产业，对上海全市经济发展的贡献率逐年提高①。上海作为全国改革

---

* 冯佳，上海社会科学院文学研究所副研究员，主要研究领域为公共文化、文化政策、图书馆法治与管理。

① 资料来源：2014年上海文化创意产业增加值占GDP比重达12%[EB/OL].(2015-02-05)[2015-09-28]. http://sh.people.com.cn/n/2015/0205/c347221-23807969.html。

开放的排头兵，对其文化创意人才进行研究，现实意义尤为显著。

一、基本状况

根据《意见》精神，文化创意人才主要是指以文化资源为起点，以内容创意为动力，以市场需求为目标，以企业经营为途径的文化创意与设计服务人才①。基于这一概念，为充分了解上海市文化创意人才现状，2015 年 7—8 月间，课题组采用系统抽样的方式，分批次对 2014 年最新评定授牌的 106 家“上海市文化创意产业园”②的从业人员发放了 800 份调查问卷，实际回收有效问卷 702 份，回收率 87.75%③。此外，课题组又先后与上海“田子坊”文化产业园、证大喜马拉雅中心、上海新十钢（红坊）创意产业集聚区、南翔智地、东方慧谷、七宝古镇及 34 家上海文化创意产业协会④中的部分相关工作人员进行了座谈。截至 2013 年年底，上海文化创意产业从业人员约 130 万人⑤，占上海当年从业人员总数 1 137 万人⑥的 11.4%。总体而言，上海市较为重视吸引和集聚各类文化创意人

① 资料来源：国务院关于推进文化创意和设计服务与相关产业融合发展的若干意见[EB/OL].(2014-03-14)[2015-09-19]. http://www.gov.cn/zhengce/content/2014-03/14/content_8713.htm。

② 为规范上海文化产业发展环境，实现资源优化配置，2014 年 9 月研究制定《上海市文化创意产业园区管理办法（试行）》，对原 50 家市级文化产业园区和 87 家创意产业集聚区进行整合，在原有园区评定基础上提出最新标准，规范园区建设和管理，全年分两批次，评定授牌 106 家“上海市文化创意产业园”。

③ 为严格确保受访者隐私，本研究所涉及问卷中凡包含个人姓名或敏感性的信息将不会在任何公开出版物提及。

④ 根据上海市文化创意产业推进领导小组办公室了解到，34 家上海文化创意产业协会有：上海市创意产业协会、上海创意产业中心、上海时尚产业发展中心、上海市工业设计协会、上海建筑学会、上海市汽车行业协会、上海船舶工业行业协会、上海轻工业协会、上海市广告协会、上海市会展行业协会、上海服装设计协会、上海家用纺织品协会、上海包装技术协会、上海工艺美术行业协会、上海黄金饰品行业协会、上海日用化学品行业协会、上海市家具行业协会、上海家用电器行业协会、上海市室内装饰行业协会、上海市动漫行业协会、上海市工业经济联合会、上海市现代服务业联合会、上海市创意产业展示与服务平台、上海国际时尚联合会、上海文化娱乐行业协会、上海电视艺术家协会、上海市演出行业协会、上海市互联网公共上网服务行业协会、上海市书刊发行行业协会、上海市报纸行业协会、上海市音像出版制作行业协会、上海市印刷行业协会、上海市音像制品分销行业协会、上海广播影视制作行业协会。

⑤ 资料来源：郑闻文.上海文化创意产业从业人员约 130 万人[EB/OL].(2014-06-09)[2015-09-29]，http://sh.eastday.com/m/20140609/u1a8138131.html。

⑥ 资料来源：上海统计年鉴(2014)[Z/OL].[2015-09-29]，http://www.stats_sh.gov.cn/tjnj/nj14.htm? d1 – 2014tjnj/C0301.htm。

才，并凭借独特的区位优势，通过完善相关人才引进政策、搭建创业载体平台等措施，积极优化产业环境，为文化创意人才集聚营造了良好的产业生态环境①。

（一）领域分类

上海文化创意人才的覆盖范围比较广泛，本次调查主要涉及设计、咨询、出版、文艺展演、动漫、影视、广告、信息技术服务、非遗、旅游等十多个行业领域，大致符合上海市创意产业的结构分布。其中，工业、时尚、建筑、市政等设计类人才最多，信息技术服务业次之，再其次是广告、咨询、影视、出版、文艺展演等。尽管调研范围有一定的局限性，但也从一个侧面反映出上海文化创意人才的行业分布情况。

（二）年龄结构

25 岁及 25 岁以下年龄者占被调查总人数的 42.7%，26—30 岁者占 29.6%，30—40 岁者占 23.1%，40 岁以上者只有不足 5%。可见，参与调查的创意人才队伍以 30 岁以下的年轻人为主，平均年龄为 29.8 岁，表明该行业从业者整体偏年轻，符合行业所需的创新思维和创造理念的要求。

（三）学历水平

从业人员中高中及以下学历者占 3.2%，大专学历者占 25.3%，本科学历者占 58.9%，硕士及以上学历者占 12.6%。由此可见，上海市文化创意人才队伍以本科学历居多，硕士及其以上学历者偏少，高端人才相对缺乏。

（四）户籍情况

参与调研的人才中拥有上海户籍者占调查总人数的 29.8%，非上海户籍数占调查总人数的 70.2%。可见，上海户籍以外的人口是文化创意领域的主力军。

---

① 季丹：《上海文化创意产业人才策略研究》，《科学发展》，2013 年第 2 卷，第 100—106 页。

(五) 行业工龄

在该行业工作 1 年以下者占调研总数的 6.7%，工作 1—2 年者占 49.3%，工作 3—5 年者占 24.9%，工作 5 年及 5 年以上者占 19.1%。指标显示，上海文化创意行业目前还处于发展初级阶段，多数从业者经验不丰富，队伍稳定程度不高。

(六) 工资待遇

被调查者年薪在 3 万—8 万者占总数的 47.3%，年薪在 8 万—15 万者占 29.9%，年薪在 15 万—30 万者占 15.2%，年薪在 30 万及以上者占 7.6%。上海市文化创意行业的年薪平均在 8 万元以上，较高于 2014 年上海全市职工 65 417 元的平均工资①。

(七) 工作期望

上海文化双创从业者对工作的期望主要集中在：良好的工资待遇(84%)、专业技能提升(66%)、优化管理模式(51%)、自由工作时间(40%)、获得海外进修机会(33%)、家庭与工作的平衡(29%)等方面。上述结果说明，尽管上海文化双创行业的总体待遇不低，但从业者普遍对工资待遇还不满意，且自我提升愿望强烈，对自身发展充满期待。

(八) 就业环境满意度

尽管被调查者对自身工作充满期待，但 60%以上接受调查的从业者对就业环境较为满意。总体来看，上海市对“海派文化”的兼容并包以及上海地方政府

---

① 资料来源：上海市人力资源和社会保障局[EB/OL].(2015-03-31)[2015-09-19]，http://www.12333sh.gov.cn/201412333/xxgk/flfg/gfxwj/ldbc/bcfp/201504/t20150401_1199449.shtml。

的重视等是文化创意从业者较为看中的因素。

（九）教育培养

科学而有效的教育规划是社会人才培养的基础，各大专院校和研究机构在一定程度上肩负着培养高层次、高学历、高素质文化研究人才的使命。上海的文化创意产业研究以上海交通大学和上海社会科学院为代表。1999 年 12 月 12 日，文化部与上海交通大学共建的国家文化产业创新与发展研究基地作为我国第一个国家级文化产业研究基地在上海交通大学成立，并自 2003 年以来举办 12 期国家文化产业人才培养工程；上海社会科学院有人力资源研究中心、创意产业研究中心、文化产业研究中心等相关研究机构[①]。对上海市近年来开设文化产业相关专业的高校及研究机构情况进行梳理，详见表 1。

表 1　　上海高等院校文化产业专业开设情况一览表

学校（研究机构）	院（所）	专业名称（方向）	学位
上海交通大学	媒体与设计学院	新闻传播学（文化产业管理；文化经济；文化政策；文化产业理论）	硕士
同济大学	艺术与传媒学院	新闻传播学（广告创意与创新研究）、设计学（影视创作与理论研究）、艺术设计（影视艺术创作）	硕士
	设计创意学院	设计学（工业、环境、传媒与传达、产品服务体系设计）	硕士
	人文学院	文化产业管理	学士
上海戏剧学院	创意学院	艺术学理论（文化创意产业研究）	硕士
		艺术学理论（文化创意与艺术管理）	博士
上海师范学院	人文与传播学院	传播学（广告与创意产业研究）	硕士
	女子文化学院	文化产业管理	学士
上海视觉艺术学院	文化创意产业学院	文化产业管理	学士
上海社会科学院	文学所	文艺学（文化产业）	硕士

① 毛溪、人才：《上海构建国际文化大都市的瓶颈》，《中国文化产业评论》，2013 年第 2 期，第 417—431 页。

除高等教育的系统培训外，上海市还陆续出台了许多文化创意人才培养的政策法规，实施了一批相关项目，但均缺乏相应规模，且较之传统应试教育的系统性还有差距。

二、突出问题

近年来，上海文化创意产业新业态发展迅速，重大项目和园区基地建设加快，国际合作交流频繁，产业发展氛围浓厚①，形成了若干经验典型。但通过调查问卷、座谈与访谈发现，上海市文化创意产业在拥有巨大发展潜力、取得一定成绩的同时，仍面临着一些突出问题。

（一）职业发展的统筹规划相对滞后

上海市先后出台了《上海市加快创意产业发展的指导意见》《上海市文化产业发展“十二五”规划》《上海市“十二五”文化人才发展规划》等政策法规，对文化产业、文化人才的发展提出了一些整体上的规划。但总体而言，上海文化创意人才的培养发展规划依然滞后于产业本身的发展，仍旧缺乏职业规划的先导效应。如没有科学规划和合理的统计预计，以及统计口径的不一致导致了《上海市“十二五”文化人才发展规划》提出的上海文化人才资源总量到 2015 年达到 25 万，严重滞后于 2013 年年底已达 130 万文化创意产业从业人员的规模。滞后的整体规划以及错误的预期将极大地阻碍事业的发展，不利于人才队伍的建设和发展。

（二）行业协会的凝聚力略显不足

通过对上海市部分文化创意产业协会的座谈和走访了解到，上海市目前还

① 李勇：《上海文化创意产业人才培养机制研究》，《经营管理者》，2015 年第 2 期，第 209 页。

没有一个涵盖全市层面文化产业各个领域的行业协会，已有的一些相关行业协会中，有些机构设置还不够健全，对自身认识不到位，不少协会将其包括职业培训、行业间交流等服务与监管职能淹没在组织管理功能之中，职能没有充分发挥，不能有效维护行业成员的共同利益，没有在行业领域中树立起应有的权威，未能获得整个地区行业的认同感与归属感，行业凝聚力不够。由于各行业协会较为分散，领域内的凝聚力和向心力不足，导致上海市文化创意人才的行业归属感不强，行业间的沟通交流不够，行业的生命力和活跃度不够，不利于灵感火花的碰撞产生，不利于行业领域新业态的生成发展。

（三）职业发展的提升空间依然有限

调查问卷结果显示，上海市文化创意领域的从业者对自我提升的愿望比较强烈，当前行业领域所提供的职业发展机遇不能有效满足从业者对职业技能提升和海外进修的需求。尽管上海市已经出台了一些人才培养计划和扶持规划项目，但多是关注行业领域的精英和领军人才，且覆盖面有限，中低层级从业者的职业晋升诉求较难实现。同时，超过 80%的调查者表示，当前的工资待遇仍未达到预期，与其工作要求和压力相比，仍不相匹配。有限的职业发展空间严重阻碍了从业者积极性的发挥和队伍的稳定，从业 2 年以内者占到从业者的半数以上，这也在一定程度上反映了这一问题。

（四）人才队伍的培养机制仍不健全

上海市文化创意人才培养工作主要依靠在沪高校和科研院所。首批挂牌的 5 个创意产业人才培训基地，为上海市提供了一批既懂行业知识又懂管理的策划者，其余的人才培养即依靠一些资助项目和产业园区优秀人才集聚、带动等方式形成的零散教育。从业者中本科学历占多数，也从一个侧面反映了领域内的高层次人才不多。此外，文化创意者队伍在职教育发展相对缺乏，尽管调研中有人认为在其学历教育中所学到的知识技能对自己目前的工作有帮助，但传统应试教育下培养出的文化创意产业人才在进入工作岗位后，仍会存在产、学、研脱节的情况，并随着信息化、全球化进程的加快，对文化创意产业而言，持续不断的岗位技能培训显得尤为重要。

（五）相关研究及其成果较为缺乏

扎实而富有前瞻性的研究可以为政府决策提供咨询和理论支持①。尽管上海已有一些高校和科研机构开设了文化创意产业相关专业，但上海当前所承接的文化产业相关研究多是政府决策咨询，研究的实用性导致独立选题缺乏，理论色彩有待加强，文化创意产业本身内涵的逻辑研究以及相关重大理论关系没有得到很好的探讨，与北京大学文化产业研究院、清华大学国家文化产业研究中心、中国传媒大学文化产业研究院、中国人民大学文化创意产业研究中心、首都师范大学文化研究院等研究培养机构相比，在业界活跃程度和社会影响力方面还有较大差距。

三、对 策 建 议

人才是各项事业发展的最关键要素之一。针对上海市当前文化创意行业人才队伍的现状，正视上海文化创意产业人才发展的瓶颈问题，建立一整套从通识教育到系统实务培训、从地方政府支持到社会培训机构、从文创产业园区到产学研相结合的人才扶持培养体系，对推动上海市文化产业的创新发展至关重要，意义非凡。

（一）产、学、研发展相结合，完善人才培养体系

2011 年，第九届上海市委十六次全会确立了建设国际文化大都市的目标。

① 毛溪：《人才：上海构建国际文化大都市的瓶颈》，《中国文化产业评论》，2013 年第 2 期，第 417—431 页。

作为“东方百老汇”，上海致力于塑造东方乃至全球的文化中心。但就目前形势来看，上海文化产业的创意人才需求与上海的教育资源和教育规划之间没有形成应有的联动关系，需要转换人才观、教育观，以开放式教学和各类教育机构搭建起多渠道、多形式、多途径的立体化人才培养体系，探索学历教育与职业培训并举、创意设计与经营管理结合的人才培养新模式。

1. 加大高校与科研院所的人才培养力度

高校和科研院所作为传统上培养专业人才的正规教育基地，在文化创意人才的培养方面有着举足轻重的地位。未来，应在以下几个方面重点加强：

(1) 强调专业和课程设置系统全面。在以往课堂传授的基础上，适当增加实践环节，减少机械的理论灌输。专业设置要体现不同领域的术业专攻；课程设置则要将基本原理、专题及实践环节加以细分，将知识学习与创意理论交流相结合。要特别注重培育既熟悉艺术又有很强的商业运作能力的经营管理人才和市场营销人才，即所谓的“新媒介人”阶层①，推动艺术家的创意成果转化为企业家的经营资源，提升产业附加值和竞争力②。

(2) 完善各层次人才培养体系。扩大开设文化产业相关专业院校范围，鼓励将非物质文化遗产传承人才培养纳入高职高专教育体系；重点建设一批民族文化传承创新专业点，培养一批具有文化创新能力的民间传统技术技能人才；重点开设专业学位研究生教育，招收大学本科毕业后有文创实践经验的人员，着力培养高层次应用型人才；继续强化文化产业专业研究生教育，支持符合条件的高校和科研院所设立博士后科研工作站，加快培养高层次复合型人才。

(3) 设立高校“文化创意人才培养中心”。扶持和鼓励相关行业和产业园区、龙头企业与普通本科高校、职业院校及科研机构共同建立人才培养中心，不仅为有创新理念的在校大学生和科研人员提供大显身手的平台，为企业发现优秀人才提供机会，为将优秀大学生输送到相关企业提供通道，也有效激发企业员工继续进行系统学习深造的进取心。

---

① “新媒体人”包括：艺术经纪人、传媒中介人、制作人、书商、文化公司经理等。

② 厉无畏、于雪梅：《关于上海文化创意产业基地发展的思考》，《上海经济研究》，2005年第8期，第48—53页。

（4）加强创造性理论研究。建立老中青相结合、教学科研人员与研究生相结合的合理科研梯队，从学理角度增强对实践问题地深度剖析，努力增强上海市在全国文化产业相关理论研究领域的影响力和话语权。

2. 发挥行业协会的统筹引领职能

行业协会作为介于政府与企业之间，为行业发展提供服务、咨询、沟通、监督、公正、自律、协调的社会中介组织，应代表行业利益，反映行业呼声，积极协调行业与政府及本行业企业间的关系，对行业发展至关重要，对人才培育也起到了积极的推动作用。

（1）成立上海市文化产业协会。成立由民政部门注册登记、上海市文化广播影视管理局主管、具有独立法人资格的上海市文化产业协会。上海市文化产业协会以实现全行业共同利益为宗旨，统筹协调全市文化产业相关各行业协会，凝聚行业领域各方力量组成战略联盟，引导创意设计、科技创新要素及人才资源聚集。

（2）组织参与行业人才教育工作。在国家大政方针和政策指导下，由上海市文化产业协会牵头，开展行业人才需求预测，制定相应的教育规划；组织和指导行业职业教育与培训；参与研究并制定从业者必备知识和技能资质标准；参与国家对相关院校专业的教学评估和管理工作等，为上海市文化创意人才发展提供全方位战略支撑。

（3）加强文化产业统计工作。本次调查走访显示，上海市文化产业人才方面的统计缺乏系统性、连续性，各文化创意产业园、行业协会散乱且各自为政现象明显，文化行政主管部门对文化产业领域的从业人员情况并没有完全掌握，相关统计工作更是无从开展。建议在上海市文化产业协会统筹协调基础上，由各相关行业协会主动承担各自领域的统计职责，以推动事业发展为己任，做好年度相关统计工作。

3. 创设文创园区的人才培育孵化器

上海市借助文化创意产业园实现了创意产业的集聚，助推了上海市文化创意产业的跨越式发展。未来，上海市要依托文创产业园，形成产学研合作，以研带产、以产助研的商业实战理念，积极推进产学研用合作培养，培育真正具有市场竞争能力的文化创意人才。一是根据不同文创产业园的发展重点和人才集聚状况，为园区内的优秀从业者提供协作空间，帮助他们大胆地进行超常规研究试验，并与国内外顶尖专家进行合作；二是鼓励在校大学生将个人所学知识和创意应用于产业园区的中小企业，接受市场化的实战训练和检验，尝试探索可持续发展的人才培养方式。

4. 开办针对文创领域的社会培训机构

鼓励通过市场化运作方式开办培训机构，建立传统教育学制外的创新创意能力学习平台，利用多元的师资队伍、更贴合实务的教学内容、灵活的学制，满足文化创意人才“终身学习”“随时学习”的愿景。文创领域社会培训机构的宗旨应当是推行文化教育，传授现代企业经营理念，加强产业人才对文化、创意、哲学与科技、商业、经济社群等之间的持续了解，具体包括视觉艺术、音乐表演艺术、出版、电影、广播、网络、建筑等多个产业领域，既提供人才培育课程，又提供商业咨询服务，成为传统教育和科研机构的有益补充。

5. 建立文创领域的职业评估体系

科学的职业评估能促使人力资产进行调整，实现人力资产的最优化组合，从而最大程度地发挥从业者的工作潜能。上海市文化产业协会应积极发挥其行业领袖职能，利用科学的评估方法，探索制订一套追踪人才教育培训效果的评估体系，定期对文化创意者的教育培训需求进行分析、对培训效果进行跟踪调查，关注经过培训的人才成长过程中面临的新需求、新挑战，从而不断更新完善培训课程的设置，使培训的价值得以延伸，发挥长效作用。

6. 拓展国内外行业领域交流

人脉薄弱、获取信息途径不多、缺乏国际视野、不了解国际高端技术等是制约上海文化创意高端人才的重要因素。调研中发现，超过三成的文化创意人才希望能够有海外进修交流的机会，访谈中也有不少从业者表示自己的社交关系不足等。因此，为进一步扩大上海市文化创意人才的交流沟通平台，由文化产业各领域行业协会定期组织举办各类交流活动，帮助行业领域内的各阶层人才建立起更为广泛的人际关系，为其事业发展打下更为坚实的基础；积极引进国内外优秀人才，使其能够将先进的思维、理念等融入上海产业发展的实践中，以传、帮、带等言传身教的方式，带动更多优秀人才涌现；邀请国外高端人才进行不定期的讲座、辅导，每年定期开展不同主题的国际研讨会，就行业理念、经验做法和理论研究进行分享；介绍上海市文化创意优秀人才到海外企业进行短期实习与交流，使上海市文化创意领域从业者能够及时了解国际最新动态、行业新趋势，从而能够跟进时代步伐，较好地把握未来发展方向。

（二）加大政府扶持力度，拓展职业发展空间

2001 年以来，上海市相继颁布出台了一系列文化创意人才培育政策，为实现国际文化大都市的目标提供了一定的政策保障。2013 年，上海自贸区成立，更为上海文化提供了难得的发展机遇。随着 2014 年上海城市定位的新变化，从 2020 年建成现代化国际大都市转变为 2040 年建成全球城市，文化建设以及与之相适应的文化人才战略也应在这一大格局下与时俱进，不断创新思维。

1. 制定实施文创产业人才发展规划

针对上海市文化创意产业高层次人才相对缺乏的现状和上海城市发展的总体定位，并按照不同时期文化发展战略特点和文化产业发展规划，分阶段制定《上海文化创意产业人才发展规划》，对不同阶段的文化产业人才战略进行相应的调整，从总体上规划全市未来一段时间内文化创意人才的梯队结构，明确将正规学历教育和非学历教育相结合，学校教育与社会机构教育相结合，为产学研相结合的文化产业人才培养体系的持续发展提供政策依据。

2. 建立人才队伍发展激励机制

加大文化创意人才激励扶持力度，完善政府、用人单位等互为补充的多层次人才激励体系，从而吸引人才、留住人才。

（1）进一步强调引才引智。在深入推进实施国家“千人计划”、上海“千人计

划”等面向国际人才的引进工程基础上，实施文化创意和设计服务人才“推星”计划、“海漂”关爱行动和人才“强基工程”；与引进的国际知名大师开展长期或短期合作，聘请国际艺术大师担任高校客座教授、进驻文创产业园区开展技术指导，合作开展产品创意、参与制作、大师授课等项目；加强国内优秀人才的引进，完善优秀文化创意人才的引进落户评审机制。

(2) 鼓励创业孵化发展。政府为文创业的创业起步者提供金额不等的种子资金，并提供减免税收、优惠贷款等资助；对致力于文化创意项目的在校学生，除由文创产业园区为其提供实践平台外，政府还要为其提供适当的活动项目补贴；按照国家有关规定，进一步落实国有企业、院所转制企业、职业院校、普通本科高校和科研院所创办企业的股权激励政策。

(3) 设立继续教育专项补贴。对于具有文化产业实践经验的从业者而言，需要通过各种形式的继续教育来不断拓展知识、开阔视野，为拥有源源不断的创新思维奠定基础。通过政府专项配套一点、上海市文化产业协会支持一点、受训者所在企业拿出一点、银行赞助一点的方式，设立上海市文化产业继续教育培训基金，并纳入年度财政预算，有效缓解文化创意人才继续教育的经济负担。特别对于工作一定年限、继续学习意愿强烈且工资收入低于上海全市职工平均工资的中低收入者，个人承担部分的继续教育的培训费用可通过申请银行贴息贷款的形式，使更多从业者获得培训机会。

(4) 提高住房等其他福利待遇。尽管上海市文创领域从业者的平均收入水平高于上海市职工平均工资，但由于上海文化创意行业以沪外人员为主，住房等压力较大，仍有八成以上的被调查者希望能够提高收入水平。基于此，可对部分优秀人才实施公共租赁房优惠，并对其放宽经济适用住房准入标准；继续加大文化创意产业园自有人才公寓建设，扩大公寓覆盖人群，吸引并留住更多青年优秀人才。

(5) 建立优秀文创人才荣誉体系。由上海市文化产业协会开展优秀文化创意人才的年度评选工作，并在每年的上海艺术博览会上对其进行表彰；在上海市财政奖励机制引导下，敦促企业加大文化创意人才的薪酬改革和表彰奖励力度，将表彰奖励与绩效工资挂钩，对给予表彰的年度优秀人才给予特别额度的绩效工资奖励；动员上海市门户网站、上海市电台、上海市电视台、上海报业集团等联手对优秀文化创意人才给予大力宣传，树立产业集群中的成功榜样，以榜样的号召力来激励从业者健康成长，并营造良好的舆论环境，使文化创意领域得到全社会的关注与认可，助力行业发展。

3. 畅通行业维权渠道

《劳动法》规定劳动者享有平等就业和择业、取得劳动报酬、休息休假、获得劳动安全卫生保护、接受职业技能培训、享受社会保险和福利、提请劳动争议处理以及法律规定等权利。行业协会作为代表行业利益的机构，有义务保障本行业从业者的基本权益不受侵害。

(1) 开展工资调查。由上海市文化产业协会牵头，各相关行业协会积极配合，定期开展本行业领域从业者的工资调查，确保工资处于较为合理的水平。

(2) 建立维权委员会。在上海市文化产业协会下设维权委员会，联手相关领域法律专家，负责全市文化产业从业者的就业维权工作，并为全市文化创意从业者提供法律咨询、代理起诉等服务，帮助从业者完成因精力和财力有限而无法完成的维权事宜。

(3) 完善知识产权保护机制。组建由文化产业及法律界专家、学者等专业人士参与的上海市文化创意知识产权联盟，协助文化创意人才处理知识产权申请相关事宜；在高校人才培训中心、文化创意产业园区孵化器等机构创建"知识产权保护体系"，保护原创者的作品不被他人窃取；落实有关知识产权方面的投入补贴，完善文化创意人才知识产权资助机制；加强对知识产权的检测、跟踪及知识产权纠纷的预警和应对，及早发现、及时制止侵权行为①。

(三) 优化创意空间环境，强调城市创新精神

一个城市的文化生态是吸引创意人才集聚的重要因素，丰富多元的文化环境和自由开放的城市文化是汇集人才、激发创意、促进文化交融的重要保证。只有在协调创新的思想下，培育开放而多元的文化生态，让社会各种创新资源和要

① 季丹：《上海文化创意产业人才策略研究》，《科学发展》，2013 年第 3 期，第 100—106 页。

素有效汇聚和深度融合,才能更好地发挥上海整个城市的创新力量①,真正体现上海宽容大度、海纳百川的胸襟和气度。

1. 将艺术素养提升纳入基础课程

对于拥有九年义务教育的中国而言,全民艺术素养的提升应从长远着手、从娃娃抓起。上海市应进一步将与创意相关的文化艺术鉴赏课程纳入全市义务教育公共基础课程,课程内容涉及电影、音乐舞蹈、文学、手工制作、烧陶、摄影摄像等各领域,聘请具有较高专业水准的老师开设相关课程,并引导学生以兴趣为导向选择性修习,使上海市每名中小学生从小就具备欣赏各类文艺作品的能力,从长远来看,能够全面提升市民的思维宽度和深度②。有了更多来自公众的创意,并依靠广大受众审美能力的提升,也必将极大地推动上海创意产业的发展,为文化创意领域人才的挖掘和培养打下坚实的基础。

2. 继续打造自由开放的文化生态聚集环境

文化创意产业的基础是多元文化。上海应继续以开放的心态大力吸收外来文化,创造多元的文化生活。减少政府对文化创意园区的管制,在行业协会的协调监管之下,充分发挥市场选择创意的功能,营造更为自由的创作交流氛围;在城市规划和旧城改造上塑造多元的城市风格和形象,为众多各异的生活方式提供生存空间③;以包容的心态将外来创新理念和思维融入其中,从文化认同上吸引来自全球各地的文化人才,在不同文化间的交流、碰撞中产生灵感;在努力扩大原有的中国上海国际艺术节、上海之春国际音乐节、上海草莓音乐节、上海西岸音乐节等品牌文化艺术节辐射范围的基础上,利用贯穿全年的“上海市民文化节”,将多元、开创、新颖等理念充分展现出来,使得越来越多来到上海的文化产业人才可以找到生机勃勃的发展氛围、情趣相投的关系网络以及高水准的新生

---

① 毛溪:《人才:上海构建国际文化大都市的瓶颈》,《中国文化产业评论》,2013 年第 2 期,第 417—431 页。

② 杨菲、赖红波:《台湾创意人才培养方式对上海创意人才教育和培育的启示》,《设计教育》,2015 年第 4 期,第 145—146 页。

③ 于雪梅:《柏林与上海文化创意产业发展比较》,《上海经济》,2005 年,第 72—76 页。

力量和平台，从而推动各种创新思路在这里涌现、鲜为人知的新兴业态在这里被挖掘、新生产品得以在这里投入应用。

3. 建立文化创意人才库

由上海市文化创意产业推进领导小组办公室牵头、上海市文化产业协会具体开展实施，统计在地的新闻宣传、文学艺术、文化产业经营管理和传媒科技等领域的优秀专业人才，包括优秀民间文化人才和非公有制经济组织、新社会组织中的优秀文化人才，建立“上海市文化创意人才信息资源库”。该资源库实行动态管理，每年进行更新和充实，不断为优秀文化人才队伍补充新鲜血液。对于纳入优秀文化人才资源库的优秀人才，所在单位要积极创造条件，努力为其提供良好的工作环境和发展机遇，从而不断提高对文化人才的管理和服务水平，吸引更多优秀人才为上海文化建设作贡献。

以培养电影工匠为目标，推动影视教育的供给侧改革

——上海温哥华电影学院的影视人才教育模式探索

刘海波[*]

摘要：为了振兴上海电影产业，打造东方“海莱坞”，在上海市人才引领战略的指导下，2014 年 9 月，上海温哥华电影学院落户上海大学，采取全外教、全英文、工作室教学的模式，全面引进北美的影视实践教学，该项探索迄今已步入第三年，在师资队伍、学生来源、培养模式、管理方式、产学结合等方面走出了一条全新的路。

关键词：电影工匠；供给侧改革；上海温哥华电影学院；北美模式

在经济转型、文化输出的大背景下，近年来，全国各地都掀起了发展影视产业的热潮，基于中国乃至世界电影产业的总容量，其中的大多数项目都存在较大风险，有可能沦为地方政府和企业头脑发热、跟风起哄的炮灰。上海，基于历史原因和现实地位，近十年来，一直把振兴电影产业列为重要任务，而她的区位优势和当下所采取的路径，特别是通过“原汁原味引进”的方式成立全国第一家“全外教师资、全英文教学、以北美电影工业规范为教学内容”的国际电影学院——

* 刘海波，上海大学教授，上海温哥华电影学院常务副院长，主要研究方向为当代电影批评、城市电影研究、电视剧及电视栏目研究、20 世纪中国文学史、当代文化思潮研究等。

上海温哥华电影学院，通过不看学历、不发学历、聚焦实践能力培养的教学模式，实施“人才引领、全面发力”的战略，也给了这一努力更多成功的保障。

3年来的上海电影数据也证明了这一点。2015年，上海备案电影数量为283部，比2014年增长47.4%；出品的完成片数量44部，比2014年增长22.2%；上海出品的影片进入院线上映共22部，总票房近10亿元，比2014年增长175%，其中10部动画电影的总票房达4.5亿元，占全国国产动画电影总票房的1/4。2016年，上海备案电影391部，出品完成片80部；上海出品的影片进入院线上映的有34部，总票房约45亿元，在各项指标上均大幅超越2015年。2017年，上海立项备案的电影数量为295部，虽然与上年同期相比，备案影片数量减少20%，但上海生产影片数量略有增加，为82部，其中41部上海出品的影片进入院线上映，累计票房约49.6亿元，分别比上年增长了20.6%和10.2%。2017年也成为上海出品影片历年票房之最。上海出品影片约占全国国产片总数的8.5%，票房约占全国国产片票房的16.5%，其中11部影片票房过亿元，贺岁影片《功夫瑜伽》和《乘风破浪》在2017年“史上最强春节档”期间创下上海同档期有2部影片票房过10亿元的市场纪录。

本文即对上海选择“人才引领”战略为电影产业振兴路径的原因、做法和所得做一个初步的梳理，对上海温哥华电影学院的教育探索做一个阶段性的总结。

一、“人才匮乏”是制约上海电影产业振兴的根本原因

上海，因其在中国电影史上曾经的辉煌地位，和作为国际化大都市的现实需要，发展影视文化，振兴电影产业，是上海市民和上海文化界的夙愿，是上海提高市民认同度、重建文化自豪感的首选道路。作为曾经的电影之都，上海生产的电影与上海生产的手表、自行车等工业产品一样，长期以来都是质量和信誉的保证。然而，近十余年，上海电影产业的溃败是上海市民心头抹不去的痛，发展影视文化、振兴电影产业，对上海来说具有特殊的意义，是上海市政府和文化界、艺术界不容回避的责任。

上海把建设“全球有影响力的科创中心”和“国际文化大都市”列为发展目

标，这同样要求上海尽快找到文化发展的突破点，建设特色城市文化。在满足市民精神生活需要、打造文化影响力、提升城市软实力和全球竞争力的同时，还要有助于上海实现经济转型、寻找新的经济增长点，率先建成小康社会。综合评估社会效益与经济效益，评估历史资源与现实需要，以振兴电影产业为突破点，成为上海电影产业发展的不二选择。

然而，中高端影视人才的匮乏成为制约上海影视振兴的根本瓶颈。市场经济改革对上影等国营老厂的冲击只是一个外因，上海没有像北京一样多的民营影视公司，从电影公司的数量、体量，到年产影片的数量、质量和影响力全面落后（在每年700余部的电影产量中，上海公司出品的电影长期仅有三四十部），归根到底，是人才断层及其带来的产业链破碎所致，而且这两个原因是相辅相成的一体两面，即优秀电影人才匮乏，使上海电影界已难以独立支撑一部高质量影片的生产。而十余年来上海制片业的萎缩，又加剧了电影业各工种人才的流失，老的电影人已退出工作一线，青年电影人尚未成长起来，中生代电影人纷纷离沪北上南下，上海的编剧、导演、制片、制作、发行、宣传、管理等人才全面断档，难以形成集群效应，缺少良好的制片氛围，企业倒闭或迁移，电影业的没落正是如此恶性循环的结果。

在尝试引进了东方梦工厂、迪士尼影业等国际大型影视集团后，集聚人才、培养人才，走"人才引领"的战略成为上海振兴影视产业的优先选项。

二、"影视教育改革"是上海电影产业振兴的必由之路

产业聚集背后是人才的聚集，好莱坞电影产业的繁荣是与南加州大学电影学院、加州大学洛杉矶分校、美国电影学院、洛杉矶电影学院等几十家各种类型的影视人才培养机构云集此地分不开的。纽约作为美国第二大制片中心，也与纽约大学谛诗艺术学院、纽约电影学院、哥伦比亚大学传媒学院等高校的影视人才输送直接关联。同样，北京之所以发展成国内影视生产的中心，除了其作为政治文化中心的优势外，更与北京电影学院、中国传媒大学、中央戏剧学院等影视专业高校的驻扎互为因果。

近十年来，伴随国内影视产业的大发展，影视高等教育也有了爆炸式发展，国内已有数百家高校开设了影视类专业，其中上海开设相关专业的也有10余所高校。然而，综观上海乃至国内的影视教育，特别是与先进的国际影视教育比较，我们的影视教育存在如下几点缺陷，从而无法满足国内飞速发展的影视产业。

1. 国内影视教育集中在大众普及教育

国内高校的影视教育除了作为通识教育课程外，专业设置以广播电视编导最多，这一专业的培养目标是广播和电视行业的编导人才，教学内容较为驳杂，缺少在专门方向的深化，毕业生很难进入电影和电视剧的生产团队。迄今为止，能够培养影视剧创作精英人才的，几十年来仍然只有北京电影学院这支国家队一所，其他如中央戏剧学院、中国传媒大学等少数院校仅部分专业如表演、导演和编剧专业可以跻身其列。因此，形成了低端影视编导人才过剩，高端影视精英人才，包括“片场工匠”不足的局面，亟须进行影视人才的“供给侧改革”。

2. 国内影视教育实践教学投入不够

影视行业是艺术与技术结合的行业，影视教育是艺术学科和工科结合的复合学科，这一专业的教学既需要对学生进行天赋的激发，也需要对他们进行建立在艺术感悟基础上的精细的技术训练，换言之，这一专业需要大量设备和空间的配置，是一个高投入的专业。然而国内绝大多数高等影视教育机构由于投入不足，在专业教学空间和教学设备配置上大多未能达标，教学停留在黑板教学或半业余训练状态，培养的人才自然就难以符合电影工业要求。

除了高端电影设备配置不足外，高水平实践师资的匮乏，也是导致国内高等影视教育水平不高的原因之一。这一方面是混淆了大众普及型影视教育和实践操作型影视教育的性质和教学方式，错置教育公平诉求，学费普遍偏低，教育经费的投入又没有照顾到专业特殊性，普遍不足；另一方面则是国内高等教育机构人事政策荒谬僵化，片面强调学位及学术能力，粗放式而不是精细化对待各类人才，对引进实践型师资，甚至是聘任业界兼职教师设置障碍过多。

影视实践教学是一个至少应该参照工科实验教学开展的，需要设备、资金支持，需要团队人力投入和一定周期完成的教学活动，教育投入的不足和教育理念的偏差使得“实践教学”这一必备环节在绝大多数高校开展得并不如意，人才质量不高也就不难理解了。

3. 国内影视教育未能充分尊重专业特点

国内影视教育不尽如人意，不仅体现在硬件的不足，在专业设置、课程体系和教学方式上也存在偏差。以国内电影教育最好的北京电影学院为例，该校现有11个本科院系，按国家教育部高等学校专业目录编制，开设了10个专业，36个方向，全面培养电影生产所需的专门人才。然而，对于以高中生为招生对象的本科教育来说，这种零基础一入校就限定专业方向的方式，与北美电影教育大多经过一两年的基础学习和多工种实践后，才会让学生根据自己的兴趣和优势选择专业方向的模式相比，有不尽合理处。而招生方式的单一，也阻挡了那些年龄多元、专业背景不一、社会经验丰富的电影爱好者接受专业训练。

作为一个实践性极强的专业，影视人才的培养应该是在片场、在工作室、在项目实践中，而非在课堂完成的，这有点类似于临床医生，一定是在医院、在手术室、在门诊部、在与一个个病人接触中学成的，而不是在教室和实验室学成。项目操作式的教学练习在空间上无法局限于教室，在时间上无法被45分钟一节的课堂所约束，在授课方式上无法满足于讲台介绍和PPT播放。然而，目前国内绝大多数综合性大学的影视教学面临被学校制度格式化为课堂教学的压力，违背专业教学规律，因此也就难以培养出合格的专业人才了。

上海自1995年上海大学挂牌成立影视艺术技术学院以来，陆续在上海戏剧学院、同济大学、上海视觉艺术学院等开展了影视教育工作，但这些教育机构，存有全国高校普遍存在的经费投入不足、实践师资有限、专业教学特点未得到充分尊重等问题，虽然人才培养已基本满足广播电视业的发展，但能服务于上海电影产业振兴的人才严重匮乏。因此，通过国际合作，引进弥补当下国内影视教育短板的新型教育模式，满足上海对支撑影视产业链条各环节高端人才的需求成为逻辑必然。这一思路，最终在2013年变为行动，上海温哥华电影学院的成立被提上日程。

三、上海温哥华电影学院的教育探索

2013年春天，上海市启动影视教育国际合作计划，在多家合作伙伴中，最终确定了加拿大温哥华电影学院作为首个引进项目。2014年6月15日，经过一年的谈判和筹备，上海市政府在当年上海国际电影节上对外宣布以上海大学为中方合作主体，成立上海温哥华电影学院，实行一年制的学位后实践教育（参考英联邦国家的一年制硕士），2014年9月29日，学院正式开学，迄今已有3届学生入学。3年来，学院在如下七个方面进行了创新探索。

1. 选拔师资：不重学历学术，重视资历能力

上海温哥华电影学院长期保持了20名外教和10余名中方教学及辅助人员。在选拔教学人员时，学院基本忽视他们的学历，而是着重于他们的资历和能力，即一看他们是否有在业界工作的履历，二看他们是否参与过项目生产、是否有代表作，三看他们是否有教学经验。在这一标准下，化妆专业、录音专业甚至电影专业的有些专业老师，或没有对口专业的学位，或高中毕业后进入非学历的专业学校学习，没有高学位，但他们都有丰富的业界一线工作经验，参与过众多影视作品创作，有能力带给学生实践技能，适合培养工匠型电影人才。秉持“能否胜任高水平实践教学”这个最高原则，我们摆脱掉以学历衡量师资的包袱，不拘一格同时也不惜重金聘请人才，组建起国内绝无仅有的可以使用全英文进行高水平电影实训教学的国际化师资团队，从而一步到位具备了辐射国际的教学能力，在培养国内学生的同时，也同步招收了来自欧美的留学生。

2. 专业设置：打破常规另起炉灶，引进北美专业

作为国际合作学院，在专业设置上，上海市强调“原汁原味的引进”。所以，我们开设有电影制作专业（融合制片、导演、摄影、美术、剪辑等五大方向，另外还有编剧、助理导演、录音等课程），以及视觉媒体声音设计专业、三维动画与视觉特效专业、影视化妆专业、影视编剧专业、影视（双语）表演专业等，既有综合型专

业,也有细分型专业,不仅在专业名称上不同于教育部的学科目录,有些专业更在目录上找不到,国内也并未开设。但是专业设置并非一概照单全收,引进什么专业是基于中国市场对人才的需要,基于这一专业设置本身的合理性而确定的。

3. 教学内容:不求全才通识,集中专技实践

由于学员主体为大学毕业或研究生毕业,加上主干课程仅有一年,所以在教学内容上,我们默认学生的公共课程、通识课程已经在大学里学习过,我们全年不少于1 200小时的教学集中于所学专业的实践技能提高,学生接受专业训练的时间大大超过了一般大学的四年学习。因为一般大学几十门课程里,通常只有10门左右为核心专业课,每门课程100个课时,总计也只有1 000个课时,这些课时大约只有一半带有实践训练的性质。上海温哥华电影学院的办学初衷和目标,就是针对当前电影行业里"应用型人才"不足、"片场工匠"不足,培养能动手的电影人,这也是近两年张艺谋、冯小刚、贾樟柯等导演基于自身的实际经验一再表达的目标。当然,我们的教学目标是作为电影人"首先会动手但不仅仅会动手",同时要做"有全球视野和有思想深度"的电影人,所以我们同样会开设全院性的史论课"环球电影概览"来建立学生全球视野和比较视野,通过"温影析影"经典电影分析课形成我们自己学院的美学共识,在"打磨工匠"的同时,给"未来大师"的出现留下通道。尤其是,当前来学习的学员大多已经受过良好的影视史论教育,或者拥有文史哲等跨学科的背景时,我们感觉我们所做的不过是给他们补上了至关重要的最后一块短板,我们所期待的"有深度的电影人"可能更容易从这所学院走出。

4. 教学方式:围绕实践实行高强度实训

上海温哥华电影学院实行工作室制模拟项目教学,在硬件上,学院由一幢普通的教学楼改造为加装有中央空调的专业教学楼,24小时开放,学生刷卡可进入自己的专业教室、工作室,免费使用本专业的设施设备。学院大楼设有休息区,提供自助茶饮简餐,提供24小时热水洗浴。在课程设计上,教学围绕实践展开,以电影制作专业为例,每2个月即8周为一个学期。第一、二学期的最后一周为拍摄周,每6个学生为一个组,一周至少拍摄6个作品,学生在不同的作品中轮岗；第三学期则是经过遴选，平均每组遴选一个剧本用 3 天拍完；此后学生在选定方向深入方向课学习的同时，第四学期打磨遴选毕业作品剧本；第五学期准备并完成实拍；第六学期完成后期合成，并有机会继续拍摄一部短片。整个学制安排，就是一个学习知识、训练技能、完成作品的过程。但是需要指出的是，我们的短片项目并非来自产业的实际项目，而是高仿真的模拟项目。我们注意到有许多教学单位使用真实产业项目来训练学生，我们认为这会发生无法解决的矛盾，即要么牺牲项目的质量和效率来训练学生，要么牺牲教学质量，即学生训练的全面性，把他们变成某一个环节的熟练机器。所以我们反复研讨，借鉴北美教学经验，在教学阶段，拒绝产业项目，以确保训练自身的科学性、完整性和循序渐进性。但是，我们鼓励并协助已经毕业的学生承接产业项目，学院也为此设立产业部予以协调。

5. 教学语言：瞄准国际坚持英语教学

鉴于学院师资队伍主要为外籍老师，兼有部分双语助教，学院最初曾设想助教承担翻译工作，但在外方坚持下，第一年我们尝试了全英语教学，实践证明，经过三个月到半年英语环境的强化，绝大多数学员可以适应。2016 年，在前两年试验英语业余补习班基础上，我们推出半年到一年的免费英语预科，以确保学生在进入专业学习时效率和质量更高。从前两届毕业生的就业实际看，外语能力也成为学院教学重要的附加值，成为学生竞争力所在，许多毕业生得以直接进入国际项目或国际公司工作。坚持英语教学，是基于电影行业日益成为全球化产业的实际考量，不仅国际合拍已渐成常态，国际化剧组，即剧组成员来自世界各国更是比比皆是，能够使用英语进行片场交流将越来越成为新一代高端电影人的必备技能。

6. 招生方式：不看分数看重作品和潜质

作为一所既面向国内生源也面向国际生源，既面向高中毕业生也面向成人的国际电影学院，我院学生不参加全国统一考试，而是整合了国外高校的申请制和学校测试完成我们的入学考核，其中申请人的履历特别是创作专业履历、已有作品和推荐信是我们的重要参考。校内考试则以面试为主，注重测试英语能力，核实作品的真伪，现场考察学生的专业能力。专业热情、专业潜质和专业基础是我们学院招生的三大考察点。有人常常会质疑没有国家统一考试的考生质量，根据我们已招收三届学生的事实看，我们的学员质量远远高于一般的大学，其中一个重要的筛选门槛并非统一考试，而是高收费。在市场经济社会，作为理性人，只有那些怀有强烈的学习欲望，致力于未来从事电影行业的学员及其家长才会越过学费高的门槛申请我们学校。那些仅仅由于成绩不行，希望多花点钱到大学里混日子的学生或家长，完全有其他的选择，因为进入这所学校，注定要经历极为辛苦的一年或两年。当然，我们也不否认存在一批经济状况不好但是非常有天赋的学生，学院为此设立了高额的入学奖学金和毕业奖学金，设有分期付款和银行贷款机制，以避免遗珠之憾。

7. 产学合作：毕业三年仍获学院设备支持

谈到产学合作，一般大学所做的通常是让学生能够到企业实习，或者承接一些产业项目。我们理解的产学合作包含四个方面，即师资来自产业、学生来自产业、教学内容来自产业、教学产品及学生（有能力）服务产业。与一般大学在校期间参加实习不同，上海温哥华电影学院规定学生在学习时间不得参与商业项目，但是学生毕业 3 年内学院都通过学院出品、联合出品、校友支持等政策，对校友主导的项目予以设备、场地、资金、人力协调上的支持。学院还在上海大学科技园区和环上大国际影视产业园区设置孵化中心，孵化校友项目和公司。贾樟柯院长更提出，要对校友终身服务，每年学校会组织两场专门针对校友的创投活动，让校友通过在学院的学习，不仅学到真本事，找到团队，还可以找到资金和上下游的合作方。

2015 年 9 月 23 日，上海温哥华电影学院首届学生毕业，其中 62%的毕业生进入了上影集团、上海电视台、立鼎影业、米粒影业、幻维数码、育碧游戏、东方梦工厂等上海的大中型影视类企业。据不完全统计，首届毕业生在 2015 年 10 月—2016 年 7 月不到一年的时间里，有 25 人参与了 29 部院线电影和长篇电视剧的制作，有 9 人参加了 13 个电视纪录片、动画片及大型电视节目的制作，15 人组队制作了 16 部网络大电影、网络剧和微电影作品。此外，首届毕业生还活跃在多媒体舞台剧、大型音乐会、大型展会及广告制作的现场，多人成为大学的骨干教师。首届学生作业中的 6 部作品获得了 16 个全国性奖项。学院的影视教育改革初步显示了成果。

但是，作为一所 2014 年刚刚成立，仅走过 3 个年头的电影学院，探索仍在继续，收获也只是初步的。这包括：2016 年 8 月聘请了著名导演贾樟柯出任院长；引进了一批来自北美业界的高水平国际师资，在我院长期任教的外籍师资有 20 余名；贡献了近 300 名国际化电影人才，初步修复了上海人才链和产业链；推动了上海大学自身电影学科建设，带动了环上大国际影视产业园区发展，目前已有 200 余家电影公司入驻；引进了区别于当前国内影视教育的北美教育模式，进一步理解了电影教育的专业规律；收获了国际合作办学的经验。

我们注意到，上海温哥华电影学院的示范效应正在显现，近期上戏—阿里电影学院、浙传—华策电影学院等创新型电影学院纷纷成立，我们期待与更多兄弟高校展开交流，携手推动影视教育供给侧改革，提高中国高等教育影视人才培养的质量，满足中国影视大发展、中国文化走出去对高层次影视人才的迫切需求。

对城市文化多样性视野下文化创意人才培养模式革新的思考

丁 敏、高 琳、刘 轶*

摘要：城市文化多样性对文化创意人才的培养提出了新要求。在文化创意人才的培养上，我们需要有进一步的提高。根据目前有关高校的经验，例如上海视觉艺术学院等新型混合制高校的教学和科研经验，可以发现以"+N"的方式探索不同的培养新模式。

关键词：城市文化多样性；文化创意人才；培养模式

文化多样性是一个从生态学借用而来的概念，最初的研究起源于法国人的"文化例外论"，而首先正式使用这一概念的则是联合国教科文组织2001年的《世界文化多样性宣言》；2005年，联合国教科文组织又通过了《保护文化内容和艺术表现形式多样性国际公约》（NESCO），进一步把保护和促进文化多样性提高到国际社会应该接受的人类基本伦理的高度。国际学术界对于文化多样性的研究一般围绕文化人类学的角度，或者全球化语境中保持多民族文化多样性的相关研究较多。具体到城市文化多样性的研究大多侧重于文化形态的多样性、亚文化的存在形式、传统在地民俗文化的重要性、城市移民的文化需求等几个层面。

---

* 丁敏，上海视觉艺术学院讲师、硕士，主要研究方向为文化体育产业与管理、体育职业教育，在体育赛事、体育职业教育等方面有着丰富的经验；高琳，上海视觉艺术学院文化创意产业管理学院教师；刘轶，上海视觉艺术学院教授，主要研究方向为传统文化资源与文化产业、文化理论。

文化创意人才的概念最早是由美国经济发展学教授理查德·佛罗里达提出的。2002年，他在《创意阶层的崛起》一书中指出，创意在当代经济社会中的异军突起表明了一个新的职业阶层——创意阶层的崛起，其核心成员包括科技、建筑和设计、教育、艺术、音乐以及娱乐等领域的工作者，他们的职能是创造新理念、新技术和(或)新的创意内容。而在我国，一般认为“文化创意人才”，就是“掌握有较高水平的知识，具有很强的创新能力，能够运用自己的创作技能和手段把特有的表达内容和信息转换、复制、浓缩到新的文化创意产品(服务)中去，并且能够推动该产品(服务)的生产、流通和经营的人才集合体。文化创意人才能在不同的产业部门做不同的工作——从技术到娱乐，从杂志到金融，从高端制造业到艺术，是高水平的人力资本”。①

而此文所指的“城市文化多样性视野下的文化创意人才”中，首先，“文化”是狭义的“文化”定义，主要以文学艺术领域为主；其次，文化创意人才不局限于文化创意产业领域，更将自身的作用拓展在广阔的文化领域，不但能促进城市文化发展、推进城市文化多样化、激发城市文化活力，而且能促进整个城市社会经济文化发展。而基于城市文化多样性视野下的文化创意人才培养，正是以此为原则，在更加科学而全面的视野下来进行。

一、城市文化多样性与文化创意人才的培养

对城市文化多样性与文化创意人才的培养关系来说，可以发现，从城市文化多样性与文化创意人才培养的互动关系而言：文化的多样性是在不同自然和社会环境的基础上创造与发展起来的，城市文化的多样性正是人类城市文明的魂魄所在。国际文化大都市的一个非常重要特征就是人口结构的多样化和文化生活的多元化所形成的丰富的文化活力。通过研究城市文化多样性与文化创意人才培养之间的互动关系，让文化创意人才的培养更加符合城市文化发展，让文化创意人才主动性发挥得更加充分，从而增强城市的包容性与开放性，增强城市文

① 厉无畏:《创意产业导论》，上海学林出版社2006年版，第242页。

化的对外影响力与吸引力,塑造城市形象与品格,促进社会的和谐与稳定,最终提升一个城市的文化软实力与综合竞争力。具备宽阔视野、人文艺术原创能力强、人数众多的文化创意人才是国际文化大都市的重要特征,也是城市开放和国际化程度的重要衡量指标。这些文化创意人才具备强烈的文化创造活力,能增强城市的创新能力。例如,目前北京、上海等国际大都市正在全力谋划建设具有全球影响力的文化、科技、创新中心,这需要全社会创新文化氛围的营造,而文化多样性的存在意味着差异和对话,为不同文化背景的人提供了和谐共处的平台,是激发创新热情、培育创新文化的最佳土壤。具备城市文化多样性视野的文化创意人才,正是在这种土壤下成长和壮大起来的高素质人才,一方面,自身能为大都市的创新建设提供巨大动力,另一方面,又能将自身这种动力转换为创新的土壤,推动城市和城市文化繁荣发展。

从文化创意人才的培养模式而言:由于我国文化创意人才队伍存在着总量不足、结构不合理、总体素质不高等问题,不但不能适应我国文化创意产业及文化事业迅速发展的实际需要,更不能适应文化多样性状态下的城市发展和社会发展;目前对文化创意人才的培养,尤其是高校文化创意人才的培养,还没有完全成熟,需要进一步深入探索;在文化多样性的视野下来考察和推动文化创意人才的培养,在今后一段时间更显重要。因此应更加关注城市文化多样性视野下文化创意人才培养的有效性和针对性。

从横纵向的比较而言:在文化创意人才培养的策略和路径方面,一些发达国家在战略思想和具体操作项目上的有益经验可以借鉴。例如,伦敦市的各种文化战略草案(如《伦敦:文化之都——发掘世界级城市的潜力》等文件),都创造性地对城市文化多样性、文化活力与文化创意人才的建设进行考察,并通过有关高校和民间机构,落实文化创意人才的培养。再如巴黎,更是努力将文化创意人才的培养与巴黎文化多样性的城市形象和包容性的城市个性结合起来,为文化创意人才的培养和发展提供巨大空间,全力将学校培养与社会培养结合起来,形成全社会文化创意人才的培养路径。目前我国应该对文化创意人才的培养现状进行系统的梳理,从城市文化多样性的角度去分析我国文化创意人才的培养模式与国际文化发达国家的差距,以及自身所具有的独特优势,提出具有针对性的机制,使文化创意人才的培养途径、培养模式更加丰富,使培养平台更加开阔。

从高校相关的教学创新和教学探索而言:以城市文化创意人才的培养为立

足点，以专业之间的协同为主，在整合教育资源、教学目标、教学计划及科研主体等的基础上，从理论层面论证探索教学计划的合理性，同时建设科研平台和学术网络。例如，从上海视觉艺术学院等新兴混合制高校近年来的经验来看，可以发现在文化创意人才的培养路径上，实现自主创新与外部学习协同，教学创新与科研创新齐头并进，努力提升教学、科研质量，为培养模式创新做出具有特色、可推广的探索；在交叉、融合的过程中探索具有创新性的教学模式以及具有前沿性的科研成果是完成文化创意人才教育的内在要求。

就城市文化多样性对我国文化创意人才培养模式提出的更高要求来看：其一，从整体而言，基于全球化时代城市文化的竞争大格局以及城市文化多样性发展需求，与世界发达国家相比，我国的文化创意人才培养还有诸多的不足和可提升空间，主要表现在培养内容不够丰富、培养主体不够多元、培养载体（平台）不够健全等方面；在文化多样性和城市发展的结合上，也尚未有足够的探索。

其二，从高校培养模式来看，主要有几方面的不足：首先，各高校对文化创意人才培养的定位不同，但大多仅局限于推动文化创意产业的思路，并没有将其置于文化多样性等更为宽阔的视野下来看待，其培养方式、课程安排虽各具特色，但也具有明显的局限性；其次，对学生文化创新能力的培养还有待加强，一些高校存在的过于死板的管理和灌输式的授课，对于文化创意相关专业的学生来说相当不利；再次，在实践环节，也过多强调“产业”的一面，而忽视了“多样性”诸多方面，不利于学生整体素质的提升；最后，一个共同的问题是，尽管各高校都十分重视教学改革，但学生实践能力的培养还没有得到实质上的重视或者对学生实践能力有效提升的途径正处于探索阶段，针对学生实践能力培养的机制尚不完善，学生实习实践的渠道还不是十分畅通，尤其是在与城市文化领域的结合上，为学生提供的有效实习岗位还十分有限，没有形成一套完善的实践能力培养系统。

二、城市文化多样性视野下的文化创意人才培养模式创新

在城市文化多样性视野下，我们的文化创意人才培养也应该重新建设一整

套的新模式。一是在培养理念更新上，将文化多样性本身“多样性”的理念应用于文化创意人才的培养。文化创意人才本身具有最广泛的外延，几乎包括了所有与文化相关的人类经济活动。多种学科交叉、多种培养方式融合就成为文化创意人才教育的内在要求，在交叉、融合的过程中探索具有创新性的教学模式，即文化多样性本身也体现在文化创意人才的培养多样性上。**二是在培养路径选择上**，亦采取“多样性”的思路。例如可采用两个“+N”的方式：A.在教师构成的多样性上，“专业教师+N”的模式，强调专业教师与文化创意界专家、社会活动实践专家等的结合，专业教师提供各种文化创意理论知识，社会专家提供各种文化创意实践，充分调动学生的文化创意思维；B.在课程设置的多样性上，课程板块转变以往强调“文化+产业”的设置，更重视“文化/创意+N”的设置，广泛引入文化学、社会学、城市学、生态学、规划学等领域的加入。**三是在教学与科研的关系上**，强调将文化创意人才培养面临的问题作为科研攻关课题，将学术目光聚焦在培养方式、教学计划、教学模式等方面，从亟待解决的问题入手，进行科学研究，用科研成果来反哺教学实践，指导解决教学中的问题。**四是在教学平台搭建上**，探索成立“文化多样性与文化创意人才互动平台”，通过平台落实相关的教学项目。根据各专业方向的人才培养特点设置系列课程，这些课程在性质和难度上具有相互支撑、前后相序的特征。

以上海视觉艺术学院文化创意产业管理学院的培养模式的构建和实践为例，作为上海的一所具有文化创意管理产业的综合类艺术院校，上海视觉艺术学院文化创意产业管理学院多年来一直重视文化创意人才的培养，结合近10年的教学实践与上海城市发展和文化多样性的要求，已基本建立起了文化创意人才培养的动态体系。即把互联网融入人才培养模式，培育主要具有创新创业意识和能力的文化策划人才；把公共管理融入人才培养模式，培育能够提供创意服务的公共文化人才；把品牌融入人才培养模式，培育能够提供创意策划、营销传播的品牌战略管理人才；把体育经营融入人才培养模式，培育能够进行体育产业运营与经纪方向的体育管理人才；随着科技进步、经济发展以及文化发展，未来将会出现新的需要融入人才培养模式中的内容，并培育出相应的人才等。同时，需要指出的是，在该体系的构建与实践中，师资队伍、教学理念、教学方案、授课方式等都在进行不断的、全方位的动态调整，这对于文化创意人才培养体系的全面优化与提升具有至关重要的作用。可以从图1看出具体的文化创意人才培养的思路。

这个思路,紧密围绕“文化”这一核心,结合了不同领域的创意思维,以推进文化创意人才的培养。

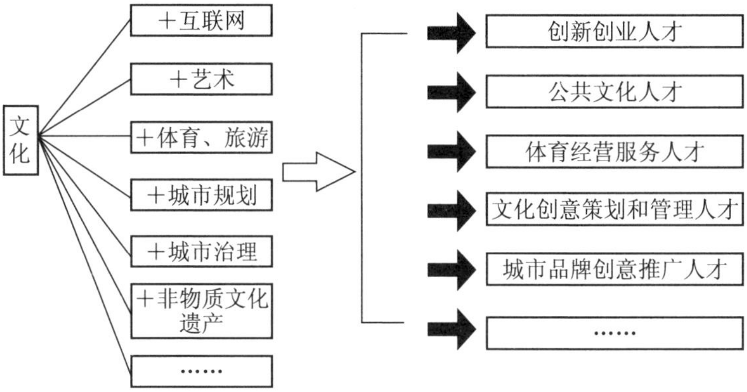

图1 文化创意人才培养思路

再从具体的培养课程体系上来说,主要从通识课程、专业课程两大领域来推进,但贯穿始终的则是文化素质、创意能力和专业技能的各种课程设计。如图2所示:

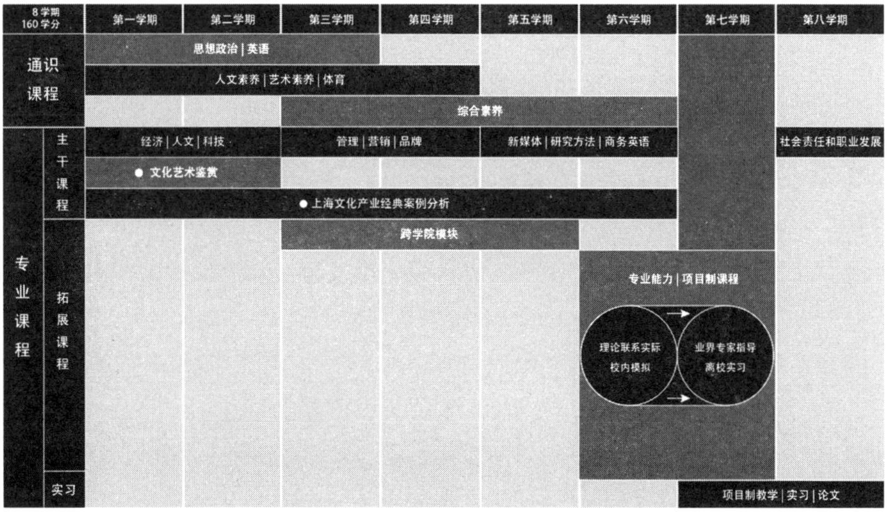

图2 通识课程与专业课程设计

综上所述，在城市文化多样性视野下，对文化创意人才的培养，我们面临着新要求和新挑战。我们需要将文化创意人才的培养、教学与城市文化多样性结合起来看待，突破以往将文化创意人才的培养局限于“文化产业”“文化工作者”等的固有思维，把文化创意人才的培养和教学置于更加宽阔的视野下，使之更能适应未来社会的创新发展。同时，探索文化创意人才培养的具体创新模式，从“多样性”本身出发，形成“文化+N”和“专业+N”多种元素互动融合教学方式，重视内部各方向之间的协作与跨界融合，拓展目前高校对文化创意人才培养和教学的局限，将文化创意人才的培养和教学拓展到环境规划、城市更新、公共社会等领域。另外在对文化创意人才的培养评价上，探索在更为广阔的领域中来判断其效果，形成较为科学的“文化创意人才培养模式评估体系”，并以此为基础指标，评价在城市文化多样性的视野下对学生培养模式的成效和教学创新的效果。

对公共艺术人才培养的相关思考：以公共艺术实题化项目制教学探索与实践为例

刘　毅、张君如*

摘要：当下国内公共艺术还属一个新兴学科，“公共艺术”本身的概念还在不断发展和更新，如何有效传递其概念与内涵，如何为学生深造或就业打下良好基础成为了教育从业者亟待解决的问题。本文先阐述上海视觉艺术学院公共艺术教学中引入“实题化”教学的理由；其次将现有的探索实践过程进行小结性的梳理。以期探讨与反思此教育方法的实际作用与意义。

关键词：公共艺术；实题化；教学；项目制

一、为何进行实题化项目制教学

（一）公共艺术的在地性

“公共艺术”当下正在被广泛关注，但在为“公共艺术”下定义时，专家学者给出的概念范围都较宽泛。如艺术史学家 Arlene Raven 说，“公共艺术不再是一

* 刘毅，上海视觉艺术学院美术学院副教授，主要研究方向为公共艺术；张君如，61CREATIVE 工作室，主要研究方向为设计管理。

个骑在马上的英雄了”[①];这只是将公共艺术作品从简单的文宣雕塑中区别了出来。而 Cher Krause Knight 则在内容上做了限制:公共艺术已不单是放在公共空间里的,或者由公众出资的艺术作品。其中还包含了艺术作品所构成的对话,以及公众基于自身所拥有的品位、信仰和价值而对作品产生的反馈[②];英国资深策展人 Lewis Biggs 也觉得公共艺术包含着去创作的作品要介于普通大众理解和感受之中[③]。国内批评家马钦忠还列出公共艺术对所在的城市文脉、促进人与人之间的交流和推动社群文化方面都有着很大作用[④]。虽然这些说法并没有罗列出公共艺术具体的表现形式,但却都强调了艺术作品的在地性,即所在空间与受众的紧密互动关系。也就是说,在公共艺术教学中以下几点是无法忽视的:

1. 对公共艺术概念的探究;

2. 对现场空间的调研;

3. 对当代艺术与设计表现形式的熟知与掌握;

4. 对项目的管理与执行。

所以面对这样一个专业,教学目标是希望学生能以调研为前提,以媒介实验为过程,以执行落地为结果的复合型目标。学生能够做到以下几点:

1. 通过调研对现场的历史、文脉、风俗等有深入的研究与理解;

2. 通过实验对艺术形式和表现媒介有更多亲身体验与取舍;

3. 通过对实际项目的执行,能够具备进行预算、材料购买、供应商沟通、时间节点控制等的项目落地执行能力。

(二) 实题化公共艺术的意义

基于此公共艺术的在地性前提,学生在对所学知识的横向交叉和纵向应用上显得尤为重要。由此我们引入“实题化项目制课程”。

---

① RAVEN A, *Art in the Public Interest*, UMI Research Press, c1989, p.1.

② KNIGHT CK. *Public Art: Theory, Practice and Populism*. Malden, MA. Wiley-Blackwell, 2008, p.5.

③ 汪苡恝:《公共艺术教学与城市发展进程论坛》,《公共艺术》,2015 年第 6 期,第 23 页。

④ 汪苡恝:《公共艺术教学与城市发展进程论坛》,《公共艺术》,2015 年第 6 期,第 26 页。

因为“项目制”是以“项目”为主体，职业行为为导向，使学生参与整个项目的策划执行和管理全过程①，可以针对那些需要整合多种技能的课程②，全面培养学生综合能力。这正是公共艺术专业学生在学会基本造型能力、软件技能和艺术理论知识后所亟须实践与提高的途径。然而如果仅仅是虚拟的项目对于学生而言依然会缺失如预算、可行性和制作成品以及材料加工上的真实体验，导致学生作品往往仅停留在效果图层面而无法落地。所以项目“实题化”，即将真实项目作为教学课题引入实际教学中，在公共艺术教学中变得十分重要。

当然在学生没有充分准备好之前，一切实题化项目都会导致学生面对一堆问题后的无所适从和将教师变成项目的实际执行者。为了避免这一现象的发生，本课程放在大学三年级进行，以保证学生基础知识的完备性。学生在三年级前已对相关艺术理论知识、软件技能、造型能力和调研与创作方法有了完整了解和初步实践。实题化项目制课程是将学生所学进行综合实践的应用与提高。

二、实题化项目制教学的过程

整个教学过程完全按真实项目进行，一般为期 6—7 周。内容包含前期筹备、接受任务、工作计划制订、调研洞见、方案创作、提案与沟通、方案落地、发表总结八个环节。其中学生作为课程主体，可以从不同角度参与实际项目执行的全过程。教师则是“课程管家”，为学生提供真实且安全的项目操作平台。

实题化项目制教学流程与学生和老师的多重角色，如下图所示：

1. 前期筹备

实题化项目制教学课程的筹备至少提前半年以上。在此期间教师需要为这个课程确定合适的甲方以及组建专业的教学团队。

所谓合适的甲方，第一是在项目的时间上能和课程时间相对吻合；第二，有

① 张婷：《项目制教学方法与传统教学方法的差异性——以艺术设计专业为例》，《重庆工商大学学报（自然科学版）》2013 年 5 月第 5 期，第 106—120 页。

② 张卫伟：《设计教学中如何运用项目制》，《美术与设计》2010 年第 5 期，第 149—150 页。

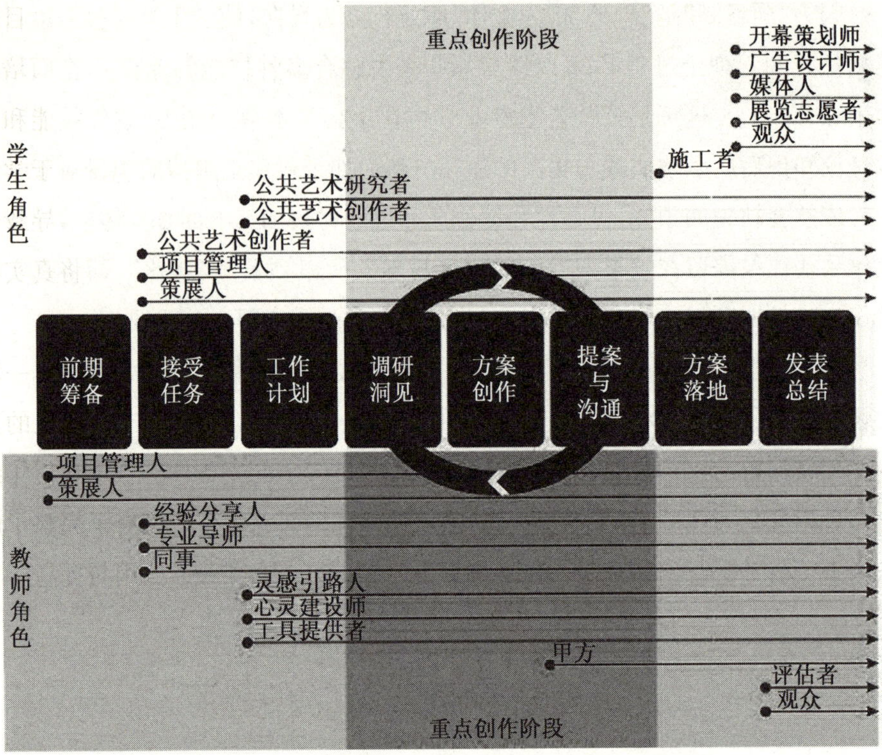

图1 实题化项目制教学流程与学生和老师的多重角色

足够的资金支持，以确保项目能够最终落地实现；第三，能够为作品提供场地；第四，能保证项目的安全性；第五，也是最重要的是，甲方和教师之间能建立充分信任的关系，教师能够说服甲方让学生参与到项目中，以项目最终圆满完成为前提，对项目整个过程中的教学予以支持。

课程中需要应用多种专业知识。虽然学生的基础知识，如调研，创意、草图、提案书以及谈判等都有相应的“设计调研”“创意思维”“图纸与效果图”“提案与演讲”和“材料与加工”等课程内容的知识准备，但在实际项目中如何综合运用却成为学生的难题；并且公共艺术的表现形式是多样的，雕塑或壁画，影像或装置，抑或是活动策划与行为表演等皆可使用。所以需要多位不同行业专家组成的教师团队，为学生提供及时的专业支持与指导。

在筹备工作中，教师的角色更像一个“项目管理人”和“策展人”。既要能和甲方达成合作意向，又要对未来项目进行中的各种突发状况，如项目总预算短缺,工作周期不足,作品要求更改等,做出预判和预防,以确保之后的课程能够顺利进行与完成。

2. 接收任务

从这一步开始,学生以小组为单位,正式开始实题化项目制课程。这时教师在作为甲方"项目管理人"和"策展人"的同时,又是同学们的"同事",共同面对甲方的任务要求,并且在学生需要帮助时,作为"经验分享人"和"专业导师"及时施以援手。

阶段目标:学生能自主准确接收甲方的任务内容与需求。

教学内容:首先,教师列出通常接收任务书时所应关注的关键点(如:何时、何地、何事、为何、为谁以及创作要求等),让学生能带着问题去参加任务会议,并在会后写出会议记录,发给甲方做邮件确认;其次,对参会的礼仪规范做出提醒(如正装出席、使用敬语等)。

阶段小结:学生基于教师提供的关键点能够给出会议纪要,但会有经验不足或胆小不敢提问而导致的遗漏。学生在之后的工作中都会有如果当初"仔细听、多问问"就好了的感叹。教师在第一次会议时不会主动帮助学生提出问题,以便他们在之后与甲方沟通时吸取经验,勇敢尝试。不过,在礼仪规范上,学生们不仅能给甲方留下好印象,在进入会场的那一刻也能感受到职场专业性。

3. 工作计划

在任务书的内容与甲方达成共识的同时,如何安排之后的工作,以确保作品顺利完成,成了学生的首要问题。

阶段目标:学生能够做出可执行的工作计划表。

教学内容:教师给出工作项目,以最终时间节点为目标,指导学生对项目进行时间安排,并与甲方确认。

阶段小结:学生通常会把创作时间留得很长,而制作时间留得很短,这往往是最终成品无法完成的原因。他们忽略了制作过程中有很多不确定因素的存在。这时教师的工作经验对于学生而言具有很大的参考价值。

4. 调研洞见

阶段目标:从这个教学内容开始,学生需要引入已学的调研知识对项目现场进行详细调研,并结合创意思维课程,将收集来的资料进行提炼,帮助自己形成作品的初步想法。

教学内容:第一步,教师先为学生划定调研范围。如:现场环境肌理(平面与空间)、现场环境色彩、现场环境材料、与现场相关人文信息收集等方向。第二步,提供一本介绍各种调研方法的书。对比较经典的调研方法进行简要讲解,帮助学生正确选择。第三步,调研资料收集。要求学生通过选定的调研方法,收集资料。第四步,召开分享会,对调研数据进行总结与整理。要求学生对资料素材,制作资料剪贴板或信息地图并发表。第五步,要求学生能结合现场的空间调研结果,以资料分析数据为灵感基础,生成作品想法,选择作品点位。

图 2　召开分享会,对调研数据进行总结整理

阶段小结:在资料收集中,学生会遇到盲目收集、资料不切要点、被调研者不配合等问题。而之后的庞大资料也会让他们无所适从。为了解决这些问题,教师的角色更多了。一是"工具的提供者",譬如在不知道从哪里去找和当地相关的典故时,教师可以提醒他们相关书籍或相关可采访人员;二是"灵感的引路人"和"心理建设师",教师通过鼓励和引导,给面对资料却想法一片空白的学生予以方法上的帮助。譬如引导学生尝试将调研得到的图案资料或当地特色材料相结合,以此作为挖掘新灵感的途径。作品《亮花桥》就是来源于当地刺绣的图案,通过霓虹灯的形式来表现的;而作品《老物件》是以当地热水瓶材料和形态来制作的。

图 3 作品《亮花桥》和《老物件》

5. 方案创作

方案进入到关键创作阶段。草图是帮助学生深入想法,探索可能性,且教师理解学生想法的最好途径。同时伴随着各种使用材料和途径的测试实验,以确保之后的提案能够被实施。与加工工厂的沟通也初步开始。在这期间教师也会将一些相关著名案例向学生做专题分享会,帮助学生激发灵感打开思路。

阶段目标:学生以小组为单位,能够自主进行方案草图绘制、模型制作、材料途径实验、效果图绘制、尺寸施工图和安装说明等方案信息的创作。最终每组确定 5 个方案。

教学内容:第一步,通过头脑风暴的方式,每组给出至少 20 个想法。进行教师参与的内部提案、讨论和筛选。第二步,根据第一步给出的提案结果,选择 10 个想法进行深入思考,并进行草图的创作与提案。此时学生需要考虑制作成本、材料可行性、造型形态的美学、创意想法来源等细节问题,并进行模型与材料的实验小样。第三步,基于前两步的成果,每组最终选出 5 个可执行方案。

阶段小结:由于经验不足,第一批的草图能实现的可行性不高。而这时老师需要察言观色,及时鼓励,在他们想法中发现闪光点,支持他们继续尝试。教师担任起"心理建设师"的角色。将学生面对好不容易想出来的方案全部被否定时的负面影响降到最低。但在这个过程中,学生的作品也逐渐与现场联接得更紧密了;也开始自觉地对造型美学趣味是否能在既定时间、成本和安装方式中完成进行预判。学生可以根据主题尝试体验更多的创作方式,对公共艺术的理解也变得更深入了。实题化的教学意义和魅力由此凸显。

教师此时除了扮演“专业导师”对学生作品进行讲评,引导学生思考作品与公众的互动性外,还以一个“策展人”的身份,引导学生结合已有的空间调研成果,把控学生作品在整个项目中点位的节奏性、丰富性与观赏性。

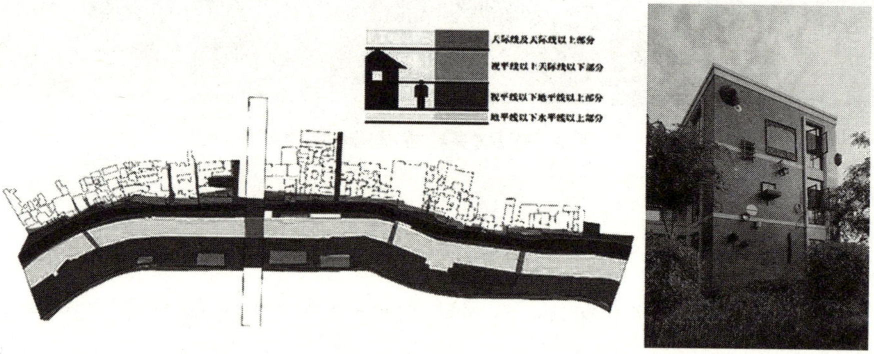

图 4 空间调研数据整理图和作品《博物墙》

如以“再造景三林公共艺术展”为例,《博物墙》这个作品,学生经教师引导,将收集来的当地老物件悬挂于这座建筑的两个立面上,使作品既表达了集中展示的初衷,也使其成为整个展览中的一个亮点。

6. 提案与沟通

方案内部确定后,需要放到社会上进行检验。提案书的制作、方案的述稿以及与甲方的有效谈判才是确保项目能够推进的途径。

阶段目标:学生能够制作完整提案 ppt;能够进行清晰的方案述稿;能够与客户进行有效沟通并最终确认方案。

教学内容:第一步,教师提供提案 ppt 所应包含的大标题提纲,如封面、创意来源阐述、点位说明、材料说明、作品效果图、尺寸图、安装说明、可行性分析、安全性分析、预算、时间表等。学生在此基础上自由发挥,以能生动清晰展示作品为目标。第二步,教师对提案礼仪、演讲和谈判技巧和如何做会议记录等做相关经验分享。第三步,学生与甲方进行会晤,针对作品进行述稿和沟通谈判。此步骤可能会发生方案并不通过的情况,则需回到前一步进行修正,甚至回到流程 4 调研洞见中,从最初的想法重新开始,直至与甲方达成一致。

阶段小结:第一,学生在有限的时间内很难明确有效地表达自己的创作方案。在正式提案前组织的模拟提案会上,往往第一轮听完后所有人一头雾水,在教师就沟通技巧的教学指导和几轮实践后,学生才有了明显进步,但沟通技巧还有很多提升的空间;第二,虽然有前两学年的基础技能训练,但在作品呈现上依然会出现效果图表达不够清晰,比例不够准确等基础问题。同时 ppt 的平面设计也还有待提高。第三,甲方比较直接的表达方式,让他们有时很难接受,譬如甲方会很不客气地告诉学生,这几个作品做不出来,成本不够,或者干脆直接说"不喜欢"。经过几次反复后,学生的挫败感和耐心会直接影响团队的凝聚力,有的小组会出现只剩下一位同学还在工作,其余的皆是放弃游离的状况。

教师这时需要以"策展人""职业导师"和"经验分享人"的身份告诉学生,接受失败。培养他们对方案失败的接受能力,并同时能够通过和客户沟通分析失败的原因,重新开始。另外作为"心理建设师"和"灵感引路人",鼓励他们坚持下去,发现他们的创意闪光点,培养他们对于作品的耐心与信心。

7. 方案"落地"

这是最后的冲刺阶段,也是整个项目制教学过程中最令学生难忘的部分。学生在完成了提案后才发现最困难的事情才刚刚开始。

阶段目标:要求学生将方案落地实现。在安全、预算、时间的限制下和现场多变性的情况下,做到最好。

教学内容:学生确认制作方法。以学生能力,分为自己执行和寻求加工厂或布展公司帮助并开始制作,在完成后,将作品安放到现场固定。

阶段小结:学生普遍发生时间紧张、预算超支、原有作品需根据实际情况进行点位调整等预估偏差问题。譬如一个全镜面材质的作品,因风水原因遭到对门居民强烈反对后,只能另寻场地落脚。这是调研和预判教学板块中需要汲取经验和反思的内容。

图5 作品《玉玲珑》

在这一过程中，学生们都深刻体会到执行力的重要性。他们在亲力亲为中，体会到了工人的辛苦、动手能力的不足、价格与预估的差距，以及良好沟通和组织能力对于作品落地起着关键的作用。同时也明白了公共艺术不是个人的艺术创作，而是艺术介于公众与场域之中协调后的成果。

8. 发表与总结

作为一个公共艺术作品，场地即展厅，在所有作品做成后，展览的开幕就是一个最好的评分台，而公众就是最好的评分员。

阶段目标：学生能够对自己成果进行充分解说，了解公共艺术展览的基本流程，体会此类展览的各个工作内容。能够根据民调反馈对自己的作品和公共艺术本身有深入认知。

教学内容：第一步，学生制作展览宣传品，如海报、宣传易拉宝、展签和画册等；第二步，学生需参与开幕式组织工作，如宣传品的张贴与发放、嘉宾的邀请、现场参观路线安排等；第三步，学生进行现场作品导览，接受媒体采访；第四步，对展览作品进行题为《最喜爱的公共艺术》的民意调研并进行分析总结。

阶段小结：在这里学生以从原本的公共艺术创作者的身份转变成了“开幕策划师”“广告设计师”“媒体人”“展览志愿者”和“观众”。他们从不同的角度看待自己的公共艺术作品。强化了他们对于公共艺术公共性特点的感性认知。在问卷调查的分析中，学生发现，更容易被大众喜爱的作品往往都是带有当地深度联系的元素。老百姓会因为"这东西我家也有"这样的理由而对作品另眼相看，并激起他们对自己生活的多重联想。

三、教学反思

项目的完整内容流程对学生而言，是在获得了比课堂学习更多的主动权和实践体验的同时还有教师们的经验指导与帮助。教师在多种角色的转换中，让学生能全面体验公共艺术项目的方方面面，并对其中公共艺术的各个工种的内容有所涉猎。让学生发现自己的潜能，在公共艺术的大标题下，找到自己适合的角色。在事后几次公众问卷中的良好反馈，让我们看到了实题化项目制至少在教学过程与教学成果上是能够起到积极作用的。

但同时也暴露出前两学年教学工作中的有待提高的内容。譬如，提案和沟通技能。这个能力的培养需要贯穿四年的教学始终，落实到每个课程中，让学生制作有条理演示文稿和与不同人交流或演讲，以此来锻炼学生与大众沟通、接受与应变能力，更好地适应未来工作领域中的交流需求。另外，作品的美学、制作与执行能力也需要在今后的教学中进一步提高，为实题化打下良好的基础。

公共艺术实题化项目制教学目前作为一种探索与实践还在不断地进行着。这不是一个孤立存在的教学方式，它需要整个专业教学体系以及社会资源的完整配合。在学生解决了软件技能、理论知识、造型能力、调研与创作方法之后，通过实题化项目制教学，引发学生主动地查漏补缺，走出象牙塔，以更踏实与务实的心态面对下一阶段的学习与工作。

希望通过本次探索与实践的阶段性小结能够为接下来的公共艺术教学实践提供一些参考。

我国网络文学产业人才培养模式创新研究

——以上海首个网络文学方向本科教育为例

丁 烨*

摘要：网络文学诞生后，逐步走上了一条有别于传统文学的产业发展之路，在这条产业链上，文学网站运营人员、网络写手等在其中求生存、谋发展。20多年来，网络文学势不可挡地占领了人们的大部分阅读时间，也创造出了巨大的财富，其产业运营所需的各类人才越来越具象化。本文以上海视觉艺术学院与阅文集团合作创办的首个网络文学方向为例，从从业者的需求出发，以高校学科建设规律为依据，探讨网络文学产业人才培养新的模式和出路。

关键词：网络文学；人才培养

一、我国网络文学产业人才的现状分析

网络文学产业的生产方式是以文学网站这类文化企业为运营主体，把各类参与者——网络写手、网站编辑运营人员、读者、资本运作人士、影视编导、出版商等连接起来，在这个产业链上展开分工合作的过程。

撇开这个产业链上的管理型人才，其中最关键的岗位就是网络写手和网络

* 丁烨，上海视觉艺术学院新媒体艺术学院助教，主要研究方向为创意与写作。

文学编辑。首先,网络文学的创作者作为网络文学产业发展的基础环节,地位举足轻重,可以说,没有电脑背后数以万计的网络文学的生产者推动着网络文学的产生和发展,就没有今天的网络文学,也没有今天如此庞大的规模和局面。其次,管理网络写手的各大文学编辑大多数都是从有写作经验的作者转化而成,这就意味着,与传统文学编辑相比较,网络文学编辑如果没有一定的网文阅读基础和创作经验,是无法胜任的。

网络文学高度的产业化带来了成功与财富,以及这个与传统文学比起来尤为特别的文学创作形式,给人们的阅读思维带来了巨大的冲击。越来越多的读者开始通过便捷的移动终端阅读网络小说,也有不计其数的人投身到网络小说的创作中来,甚至成名封神。由于网络的虚拟性,这些作家、编辑以网名代号示人,与传统文学群体显得格格不入,不免遭受不少侧目与质疑,同时因为数量庞大,作品质量遭人诟病,除了文学网站管理者,极少有人能真实地了解这个群体,各种矛盾与问题也就显现出来。事实上,近几年来,以阅文集团旗下的各大文学网站,都在为作者的版权、待遇等问题奔走呼吁,想为其正名。这也是与上海视觉艺术学院合作办学的重要原因之一。因此,建设中国高校第一个网络文学方向,首先就要搞清楚现有的创作主体人群,他们的身份特征如何,并探求作者群体的发展空间。

研究网络文学产业中创作主体的身份,每个阶段都会呈现不一样的特征,我们暂时把网络文学的发展分为三个阶段,第一阶段:发生期;第二阶段:发展期;第三阶段:井喷期。

1. 发生期——华语网络文学的黄金时代

众所周知,网络文学的起点并不低,最初就出现在海外华人创立的网络刊物中,1991 年 4 月 5 日,全球第一家华文电子周刊《华夏文摘》诞生,成为海内外学子阅读和交流的阵地。这份电子周刊的编辑主体大多是当时在美国各高校已获得或正在攻读硕士、博士学位的中国留学生。[①]当时活跃在电子刊物上的这些作者,如严永欣、少君、丁健、阿羊、朱若鹏等人,既是网络文学的奠基者,同时也为

① 钱建军:《第 X 浪潮——华文网络文学》,《华侨大学学报(哲社版)》,1999 年第 4 期,第 66 页。

网络文学筑起了一个较高的平台。创作出了多部著作，尤其在1992—1996年间，随着万维网的建立和汉化视窗系统的普及，华文网络文学的创作主体更加多元化，除了最早触及网络的理工科人才，还涉及各个领域的知识、经济、文化精英。他们具备一定的文学素养和写作水平，拥有丰富的人生阅历。质量精良的作品被不断地创作出来，确实是网络文学创作的黄金时代。

2. 发展期——70后的发声舞台

1994年以后，中国的网络传播时代随着与Internet的全功能连接而正式到来。与此同时，伴随着市场经济的浪潮，中国社会进入了一个前所未有的嬗变期，西方思潮疯狂涌入，计划经济被市场经济替代，传统文学家所代表的精英文学逐步被边缘化，取而代之的是通俗文学和快餐文化，正如欧阳有权所言，文学失去轰动效应而走向边缘化，快餐文化抢占了文学市场，视听霸权对文字媒介的接受性挤压，使得世纪之交的中国文学宿命般地走入了一个特殊的历史时期，迫使文学在新的选择面前寻找新的活法。而这个新的活法，就是网络文学。

在这个时期，国内的文学网站尚在起步阶段，没有任何条条框框的约束，这一时期的创作，完全是自发的、自由的。因此，这一时期里的网络作者数量在不断增加，也处在一种非职业化的状态。仔细分析，我们可以看到，世纪之交前后生成的网络文学主体，大多是20世纪70年代后生人，他们陆续成年，考上大学，更有机会接触到电脑、网络。这些才华横溢、情感丰富、乐于表达的年轻人，通过文学网站这一阵地，记录新一代青年人的都市生活，逐渐形成了自己独特的文字风格，备受人追捧。他们中有些人，现在都活跃在网络文学的阵营里，成了中坚力量。总结这一时代创作主体的特点，即为他们依旧是受过高等教育，有一定的文学修养；并且能大胆地表达自己，书写时代，想象力纵横驰骋，文风清新独特。尤其珍贵的是，他们有了自己的发声阵地——“榕树下”。他们处在网络文学最好的时代。

3. 井喷期——全民创作及阅读的时代

1999年，文学网站“榕树下”基本搭建完善，成了国内第一个中文原创网站。以此作为起点，中国的网络文学开始走上依托文学网站为载体的发展之路。2003年5月，起点中文网开始推行商业化写作，改良升级的版本加入更加人性化、符合读者阅读习惯的阅读设置。2003 年 10 月,起点中文网开创在线付费阅读模式,对在网站上发布的优秀作品进行签约,开创电子出版的新模式。2008 年 7 月,盛大文学成立,收购运营了 6 个文学网站以及 3 家图书策划出版公司,占网络文学市场 90%以上的份额,开创全版权运营模式。2015 年 1 月,阅文集团整合腾讯文学和盛大文学,开启了中国网络阅读与数字出版史上“全民阅读”的新篇章。

网络文学这十几年的大事记,充分说明了一个现象,即这一新兴产业在飞速巨变与发展。这个产业发展过程中的参与者,尤其是创作者,不仅数量庞大,而且从中脱颖而出的作者,获得了巨大的经济利益,驱使着越来越多的网络文学爱好者投身创作,上至 70 岁老翁,下至 12 岁孩童,只要会用电脑打字,懂得如何注册网站账号,就可以开始自己的网络小说创作之旅。

然而,这一时期创作者的特点并不再是“自由”“高学历”等过去的标签。首先,由于网络小说的上传无任何门槛限制,不管是小学生、中学生还是大学生,又或者非中文系出身,都可以写,这样一来,网络文学作品的质量便参差不齐,无法用传统的优劣规则去界定;其次,网络文学作者的利益与文学网站紧紧绑在一起,“自由”不再是他们的属性,自由意志必须服从于商业逻辑,服务于市场消费,由此演化了一系列网络文学创作的类型和模式,使得商业利益最大化;再次,这一时期网络文学的主题几乎是和网络共同成长起来的,他们更加开放、更加包容,也更加具有创造力。创作者与传统文学的鸿沟越来越大,造成了今天与普通受众的对话困难,同时他们更加年轻、自负和急功近利,这在社会上产生了某些负面影响。这些问题导致这一群体很难成为今天中国文学的主要发声力量。由此催生了网络文学的本科教育这一命题。

二、我国网络文学创作人才本科教育的历史和基本情况

1. 网络文学专业方向的缘起

在上海视觉艺术学院建设第一个本科网络文学专业之前,国内一些高校已

经开始开设本科或研究生的相关课程。2009年,素有“作家摇篮”之称的鲁迅文学院也开设了“网络文学作家培训班”,包括唐家三少、任怨、秋远航等在内的29名网络作家通过鲁迅文学院和原盛大文学的层层遴选,最终通过了中国作协党组的审批,成为首届鲁迅文学院“网络文学作家培训班”的首批学员。[①]虽然无论是政府组织还是网络文学产业集团本身,都已经意识到,要想使这样一个新兴产业健康有序地发展下去,必须开始培养后备力量,但至于如何培养,仍处在一种构想与摸索阶段。

近10年,网络文学产业的绝大部分精力是花费在教育市场、教育大家,包括教育作家、教育用户,还有与其相关的行业上的。直到今天,网络文学终于成了大家比较熟知的概念。虽然网络文学的业务模式在不断演进的过程中,但有一个重点始终不会发生改变,那就是作家。作家是整个网络文学业务体系里最重要的一环,没有作家就不会有内容,没有内容就不会有其他衍生产品。所以不管是对于网络文学本身,还是对于所有关注网络文学、关心网络文学成长的人来说,怎样能够源源不绝地去培养、发掘、培训出越来越多网络文学的作家,进而让这个行业发展得越来越好,才是他们所关心的重点。

早期的网络文学目标受众是比较中低端的用户,而且整个市场的题材的取向形成也是比较偏重于男性用户。虽然随着全民阅读时代的到来,不管是目标用户的结构、读者的结构,或者说题材的扩张,一直都在与时俱进,但实际上今天的读者及传统文学领域,对于网络文学的看法,还是戴着有色眼镜的。那么,如何使网络文学能够有系统、有组织地做一个提升,使其覆盖的题材的广度和深度,真正做到很全面,如何使用户的结构在不久的将来达到男女的平衡,这些事情,绝对不是网络文学产业、作者任其创作和发展就可以得到的结果,必须通过系统的研究、理论的提升,才有可能调整整个网络文学创作的大环境。

另外,网络文学产业各个领域的人才的需求加大。以前讲到网络文学就是“写”,而今天网络文学已经不仅仅只是一个“写”的行业了,而是交融了六七个不同的行业。全版权运营就意味着在网络的环境里面创造出来一个受欢迎的小说后,整个运营并没有结束。整本书完成了以后,怎么通过对这本书的了解,通过

① 参见新华网北京频道:《鲁迅文学院首开网络作家培训班》。

对用户的了解,把本作品的每一个版权衍生的价值做出来,不管它是无线阅读也好、网络广告也好,是改编成电视电影或者网络游戏,线下出版等,皆是要考虑的问题。现在的网络文学产业的从业人员已经不只是写手、作家,他们需要有更新的技能。这些衍生领域人才的培养,必须通过高校的教育来输送。

2014 年 12 月,根据当今时代文学发展的需求,国内高校中第一个小说(或文学)创作艺术类的专业——培养有写小说、编故事、从事文学创作天赋的新生力量和作家储备人才,健全高校“需学研产”培养人才的教学链,完善网络文学产业对文学创作人才持续需求的产业链——文学策划与创作专业,正式在上海视觉艺术学院诞生了。

2. 考试科目设置特色

网络文学方向是新兴的事物,存在特殊性。因此势必与广编、戏文等艺术类专业一样参与校招,通过艺术考试的方式选拔人才。根据专业定位的要求,在校招的过程中,首先要寻找想象力丰富、会讲故事的人,其次要选择会口头表达,真正热爱创作的人,再次就是有一定文字功底,能构架一个完整微型小说的人。基于这三个目标,上海视觉艺术学院制定了以下考试内容:

第一轮考试为面试,内容是故事创作,形式为每五个考生一组进行故事接龙,主要考察:一是考生的故事把控能力,看是否为有逻辑、有层次的推进故事;二是情节设计能力,能否在短时间内把自己构思的情节用到故事中去;三是想象力,自己讲出的人物、故事是否比别人有新意,有发展空间;四是团队协作能力,如何在有限的时间里与其他考生合作,将故事说完整。这样一轮测试下来,一部分有想象力,有故事讲述能力,有逻辑、顾大局的学生被挑选了出来。

第二轮考试仍为面试,这轮面试的内容是即兴评述及考官问答。考察学生的应变能力,以及对世界、人、事的关注观察能力;另外,在这一环节通过考官问答,与已经有创作成果,尤其在网络小说的连载上有一定成绩的学生进行深入的交流,了解他们的创作情况,确保能把真正热爱创作与网络文学的学生招进专业。

第三轮考试是笔试,内容包括两篇文章,一篇散文写作,考察学生的文笔功底;另一篇是命题故事写作,题材内容均不限定,尽量不去束缚考生的创作空间,大胆地把合理的奇思妙想融入自己的故事中去。

3. 录取原则

艺术类招考结束以后,学校对专业合格的学生发布校考合格证。按照艺术类考试与高考成绩1:1比例录取。虽然经过了校考的挑选,但高考成绩仍作为录取中非常重要的一环,相较于美术类、音乐类考生,高考录取分数偏高,甚至达到当地的二本线以上,如此要求,主要是考虑到以下几点:

第一,不放弃对考生文化成绩,尤其是语文成绩的高要求:校考专业成绩合格后,与高考文化成绩(按照750总分计算)简单相加,排序录取,语文单科成绩不低于80分。

第二,对艺术素养提出要求:本专业录取规则均以投档考生专业考试成绩合格(统考达艺术本科线)和高考文化课投档成绩达到本省市艺术类本科录取控制线为前提。各省市高招办或本校另有明确规定的,按有关规定执行。

第三,对专业特别优秀的优先录取:本专业按照全国统一排序录取,不作分省市计划。统一排序录取的省市,将各省市文化成绩(原始分数),按比例统一换算成750分,文理兼收。校考专业成绩排名在当年相应专业全体考生中前3名并第一志愿报考本专业的,文化分达到当地省市艺术类本科录取控制线后,优先录取。

综上,在公平公正又不失专业特色的前提下,灵活吸纳有潜质、素养高,又真正热爱写作,能坚持学习的网络文学人才。

三、我国网络文学创作人才本科培养模式的特点和经验

1. 我国相关学科体系的建设

虽然目前学术界已经有许多学者都在关注、研究网络文学的相关课题,但事实上,这种研究仍属于个人研究,我国高校在网络文学创作领域的相关课程更是

凤毛麟角，更遑论建设课程体系，将网络文学这一新生事物普及进校园。更有人称，国内的中文系，已经很久不培养作家了。那么，当网络文学在市场上摸爬滚打、野蛮生长时，当国内高校的中文系，培养出来的学生依旧是从理论到理论，维持着陈旧的观念，出了校门不知道自己将从事何种职业时，传统文学的发展才真正到了生死存亡的时刻。因此，结合传统文学的优势，借鉴网络文学的特点，探索出一条文学创作的新路子，才应该是建设网络文学本科班的关键。

在国内高校相关学科的建设上，中南大学和上海大学走在了前沿。

中南大学以文学院院长、博士生导师欧阳有权教授为首，建立了网络文学研究基地，即我国第一个专门从事网络文学研究的省级社科基地。十几年来，网络文学阵地常有他们的身影，也收获了不少成果，目前，他们已获得省级以上科研项目 11 项，其中，国家社科基金课题 3 项，教育部规划课题 2 项，湖南省社科规划课题 6 项；出版网络文学研究理论专著 20 部，其中有“网络文学教授论丛”和“网络文学新视野丛书”两套。①

中南大学的网络文学研究基地主要以建设网络文学国家智库，开展网络文学理论研究，实施网络创作评论人才培养，举行网络文学作品研讨，组织网络文学理论批评成果等为主要项目开展研究。

上海大学文学院则以教授、博导葛红兵为首，沿用西方创意写作的理论基础，建立了文学与创意写作研究中心。这个中心是一个致力于创意写作理论研究并将之与创意写作教学、创意产业实践结合的科研单位。

整个中心以创建中国化现代创意写作学科为目标，致力于欧美现代创意写作学科的整体引进和中国传统写作学的现代化改造，改革中国高校中文教育教学培养机制，培养具有现代意识的专业创作人才及具有原创写作能力的创意产业核心从业人才。2016 年，与上海作协及阅文集团合作，成立中国作协网络文学委员会上海研究基地。除此之外，上海大学文学院已经开始招收了第一届创意写作专业的硕士，并且开始推动创意写作学科的建设，在不久的将来，上海大学可能会成为国内第一个有创意写作学科的本科教育高校。

综上可见，这两所公立高校在创意写作体系、网络文学作品批评研究等方

① 参见百度百科：中南大学网络文学研究基地。

面,凭借着强有力的师资力量、社会资源、科研能力,在推动着中国网络文学产业向前迈进。那么,作为民办高校的上海视觉艺术学院,则开辟新的路径,把重点放在培养实践型、应用型人才上。

2. 网络文学方向课程体系的建设

事实上,网络文学产业一直在不断发展和变化之中,要想在这种变化之中寻找到理论基础和教学规律,并不是一件容易的事情。如何将课程体系设置得既有科学性,又有可操作性,是一个长期的实践和探索过程。因此,网络文学方向必然会面临不断调整课程计划的趋势。

2013 年年底至 2014 年 7 月,原盛大文学的作家与学校进行了第一次课程体系的建设与探讨,决定以中文理论课为基础,网络文学创作类课程为实践课程,辅以广播电视编导相关课程。在这一届教学里,开设了大量中文系的传统课程,包括古代汉语、现代汉语、中外文学史纲等,虽然开始中文系的基础理论课程非常有必要,但是网络文学方向毕竟不是中文系,如果以三分天下的模块排课,便没有足够的课时学分来完成这个系统的课程。实践证明也是如此,由于没有足够的学时,这一系列需要博古通今的课程基本上只能浅尝辄止,学生的普遍反映是,既没有学扎实,又浪费了大量的精力。

网络文学方向最重要的是创作实践类的课程,这一块设置了诸如创意与写作、网络文学概观、网络文学作品鉴赏、小说与故事创作、网络文学策划等核心主干课,从大一到大四全程覆盖,这一系列课程涵盖了网络文学定位、发展、趋势研究以及从策划构思到成文的创作技法。从目前学生的上课及创作实践来看,这套创作课程体系是有价值且值得延续下去的。一方面,这类主干课使学生对网络文学有了从宏观到微观,各个方面、各个角度的了解,同时也在课堂上鼓励学生进行网络文学的创作,不仅夯实他们的创作基础,同时又直接与市场接轨,让他们通过网络,直接让读者来判断其作品,实现了高校学习与社会实践的零过渡。

除了基础理论与网络文学实践课程以外,该方向还设置了诸如编剧元素、电视剧创作、微电影创作、出版与发行等延伸类课程,扩充知识面,探索培养综合性人才的可能性。

如上所说，第一次课程建设在实施后发现了诸多问题，因此势必在第二届招生之前将课程体系调整。根据专家学者的建议，首先是缩小中文系理论课程的范围与比例，主要集中在中国现当代文学范畴，减轻了学生理论课程的压力，其次，提高网络文学创作实践类课程比例，并增加全媒体产业链的相关课程内容。此后，每一年都根据上一年教学的情况对课程进行微调，随着课程的调整，教学理念越来越清晰，也越来越科学。

四、我国网络文学创作人才本科培养的主要问题分析

1. 师资配备的不可预测性

在上海视觉艺术学院与原盛大文学创办网络文学方向之初，对于师资的配备，是做了一系列构想和工作的。比如招聘专职教师，又比如聘请了一系列来自传统文学和网络文学的业界作家担任兼职教授，其中，叶辛、王安忆、俞天白等传统作家以及唐家三少、血红、骷髅精灵等网络作家都榜上有名。除了作家以外，还有网络文学编辑、版权营销高管等。2014 年，原盛大文学的 CEO 邱文友在接受媒体采访时就曾说道："我们师资不会只有网络的作家，也会有我们的编辑，甚至像我们现在盛大文学里面有一个巨大的'版权营销中心'，有版权营销团队，而且下设针对不同行业我们有专门的队伍。比如说影视编剧业务部，他们负责的就是怎么样挑选出来最适合的网络文学的作品，跟下游不同电视台或者不同制作公司合作。当然我们也有游戏业务，像这些相关的都会是我们师资的一部分。"

学校包括盛大的想法非常理想化，但执行起来就会发现有诸多问题：首先，课程兼职教授的比重太大，且大部分兼职教授社会活动太多太忙，没办法保证在校的上课时间，导致每学期排课成了最大的难题，就算敲定了兼职教授的行程，也没办法保证每堂课都能按时按质地完成；导致后面几个年级不得不重新调整教学计划，降低兼职教授的课时比例，让专职老师承担更多的课时，这其实是违背当初培养计划初衷的；其次，这些兼职教授在创作领域里确实成绩斐然，但不

意味着所有会创作的人都会整理创作技巧，形成理论体系，也不意味着他能完整地将自己的创作经验通过课堂的口头表达传递给学生，所以对于大一、大二还在打基础的学生来说，是没办法和兼职教授的课程相契合的。

基于以上两个问题，导致现阶段大量的专业教学由少数的专职老师承担，兼职教授则大多以讲座的形式授课。这样带来的矛盾是，专职老师人数太少，一方面难以承担繁重的课时，另一方面也不利于学生多角度、多方面地接受课程信息。

2. 专业教学与大学教务体系的矛盾

网络文学方向的建立，另外一个较为重要的矛盾体现在大学教务体系与专业特点不匹配上。一方面，上海视觉艺术学院是一个建校十年的年轻艺术类高校，教务体系还不够成熟，选课难，学分难调整，上课方式不够灵活等，这些都阻碍着特色课程活动的进行；另一方面，视觉属于综合性较强的艺术类院校，在课程、学分、学时的设置上很难应和一个全新的方向产生。网络文学本来就是一个新兴的领域，在课程建设的不断调整上不难看出，每届学生的教学计划都在根据上年的教学情况，以及专家、业界人士的建议不断地做出调整。而教务体系根本不能灵活地应对这种调整，创作类、实践类课程依旧将学生牢牢地锁在课堂内、教室里不能动弹，这无疑对学生的学习和创作是起反作用的。因此，学校的政策和体制最终还是要落实到教育和教学上来。要为教学服务，而不是让教学去应和固化的体制。

3. 社会业界认可度较低

网络文学自诞生以来，一直不被主流文学界看好，虽然随着时间的推移，网络文学也逐渐在证明自身的价值，很多学者也积极为网络文学“翻案”，但依然改变不了主流文学界的保留态度。这种不太认可的态度也引发了网络文学界的一些反扑的声音，认为当代传统文学已经式微，没人看、不好看、无法转化为商业利益都成为他们不认可的地方。种种说法，使得两者之间产生既想相容，又无法共存的矛盾。

由此可以想象，一个新生的网络文学专业，会引发多少质疑。从传统文学的角度来看，网络文学根本就是“异类”，本身就具有极大的争议，如何能成为一门学科，又能培养出什么样的大学生来，恐怕都持有怀疑态度。从网络文学的角度来看，大学教育对于创作本身就是带有禁锢色彩的方式，他们认为，网络文学就应该是“低门槛”，不拘一格降人才，师傅带徒弟的方式，一旦进入教育体系，是很难培养出真正的网文写手的。

在这种两头不讨好，其他业界人士的观望态度之下，成为第一个吃螃蟹的人是需要勇气的，并且要经历相当长的磨炼时间。

五、对我国网络文学创作人才培养模式创新的相关思考

网络文学的办学还是应该徐徐图之，需要时间的积累、耐心，需要磨炼。建设这一方向，从发展时间轴上来说，它与其他任何一个本科学科并没有不同，不应该有一个很功利的既定目标。

现在正是网络文学发展方兴未艾之时，每天都能涌现出数以千计的网络作家，但从整个创作群体来看，真正走到最后，成为文学网站白金大家的作家少之又少，这本来就是一个行业里的二八法则，20%的人创造出来 80%的人的价值。

然而，现阶段的网络文学的后备力量仍旧是自由产生、野蛮发展。随着网络文学不断的市场化、商业化，读者的作用越来越大，作为网络文学的创作者，必须去满足消费者的消费审美和消费习惯，将读者的需求放在第一位，创作环境开始变得讨好、迎合和不平等，随之就会产生很多问题。比如内容中出现过多的色情、暴力等令人担忧的元素；由于网站和读者的压力，作者不得不抓紧码字更新，长时期的码字导致学习、阅读、体验生活的时间得不到保证，灵感出现枯竭，思维僵化，作品缺乏灵气。除此之外，网络文学群体同质性偏高，创作跟风的热点比较明显，某一个题材特别火爆的时候，一下很多人都会写一样的题材，这样最终带来的结果可能都是网络文学发展的巨大危机。这个行业发展到现在碰到一个瓶颈，这对一个产业健康有序地向前发展显然不是长久之计。

那么，网络写手职业化是产业发展的趋势所在。时代的进步、经济的发展使

得人们的眼界也越来越开阔,在自由职业者、自主创业者越来越多的今天,全职网络文学作者也越来越多,唐家三少就是一个很好的例证,他甚至在 2015 年成立了自己的公司,为自己创作的小说创造更多的价值。

作者职业化的过程必定也是培养和教育的过程,在这个过程中,阅文集团包括之前的盛大文学组织过大大小小的培训班,也参加了诸如鲁迅文学院或各个省市文联作家协会举办的创作培训。那么,把这些创作培训课纳入高校课程体系,不仅培育一些已经有经验的作者,也从高中生中选拔一批有潜质的年轻人,从零开始,带他们走入创作,走入网络文学产业,也是一种发展的可能性。

所幸的是,在设立专业之初,上海视觉艺术学院并没有很狭隘地将其定义为网络写手的专业,现在的专业名称叫"文学创作与策划专业",其中不仅教授基本的写作方法,而且教授将来怎样在网络文学发展中担任编辑、管理,使学生就业的面比较宽泛。从事实上来说,现在没有任何一个传统的中文专业和戏文专业可以保证今后培养出来的就一定是作家或编剧。这个学校是以培养艺术家为终极目标的。以期成就一种新的教学模式,为所有热爱写作,立志于从事这一领域的人才创造这个平台,也许,若干年以后,网络作家的出现,经典小说的出现,成为必然。那么,网络文学产业的发展,极有可能通过高校人才的培养和输送,焕发出新的活力,成就新的繁荣。

浅谈少数民族非物质文化遗产传承人的培养模式

——以内蒙古赤峰市传统音乐类非物质文化遗产传承人培养模式为例

王　玥*

摘要：非物质文化遗产传承人是非物质文化遗产能够有效传承下去的保证。在培养非物质文化遗产传承人时，既要建立以激发"兴趣"为目的的培养模式，又要建立专业且科学的"学院式"培养模式。本文以内蒙古赤峰市传统音乐类非物质文化遗产传承人现有的四种培养模式为例，探索如何培养少数民族非物质文化遗产传承人。

关键词：非物质文化遗产；传承人；培养模式

非物质文化遗产是指全世界各民族人民世代相承并与大众生活密切相关的各种表现形式和文化空间，其范围包括：口头传统和表现形式，包括作为非物质文化遗产媒介的语言；表演艺术（含传统戏曲、音乐、舞蹈、曲艺和杂技等）；社会实践、仪式、节庆活动；有关自然界和宇宙的知识和实践；传统手工艺技能。

"少数民族非物质文化遗产"首次作为一个正式并独立的术语是出现在2009年7月颁布实施的《国务院关于进一步繁荣发展少数民族文化事业的若干

---

* 王玥，上海社会科学院2017级硕士研究生，主要研究方向为文化产业。

意见》中，从字面含义来看，少数民族非物质文化遗产是指全国各少数民族中个人、团体和群体世代传承的，具有少数民族特色的民间文化遗产。

各少数民族生活习惯和社会风俗差异较大、语言各异，因此少数民族非物质文化遗产同时具有“强文化多样性”“弱保护和传承度”的特点。对于一些传统手工艺技能和仪式、节庆活动来说，其由于更贴近大众生活并且存在可感知的实物，能够在当今社会中继续进行，或在利用多种方式转化后转化成当今社会所能接受和遵循的形式；而一些高度依赖语言表达的表演艺术却面临着由于语言的灭绝而消失的风险，同时传统表演艺术必须遵守原有演出模式才能保证“原汁原味”，其转化成当代大众能接受的演出形式和内容就存在一定的难度，因此传承的难度尤其巨大。

本文将以内蒙古赤峰市传统音乐类非遗传承人培养模式为例来研究和分析少数民族非物质文化遗产传承人的培养。

一、内蒙古赤峰市传统音乐类非物质文化遗产现状

（一）内蒙古赤峰市非物质文化遗产现状

赤峰市（旧称昭乌达盟）位于内蒙古自治区东南部，蒙、冀、辽三省区交汇处，与河北承德、辽宁朝阳地区接壤。全市总面积9万平方公里，辖3区7旗2县，有蒙、汉、回、满等30多个民族。总人口464.3万，是内蒙古第一人口大市，约占内蒙古人口的1/5，其中蒙古族人口94.3万[①]。赤峰历史悠久，文化灿烂，是多个物质文化遗产的所在地，如位于喀喇沁旗的喀喇沁亲王府是国内现存规模最大的清代蒙古族王爷府邸。

2015年赤峰列入非物质文化遗产名录的数据表明，全市国家级非物质文化遗产共有5个，国家级代表性传承人3名；自治区级非物质文化遗产共有36个，自治区级代表性传承人51名；市级非物质文化遗产共有85个，市级代表性传承

---

① 赤峰市地志办：赤峰市概况，http://www.chifeng.gov.cn/zjcf/cfgk/2015-08-25-132882.html。

人98名，非物质文化遗产种类覆盖民间文学、表演艺术、民俗、仪式和传统手工艺技能并具有赤峰地区蒙古族特色，如昭乌达民歌（阿旗民歌、巴林民歌和翁旗民歌的统称）、蒙古汗廷音乐、巴林格萨尔、阿鲁科尔沁旗的阿日奔苏木婚礼等。

（二）内蒙古赤峰市传统音乐类非物质文化遗产现状

在全市列入非物质文化遗产名录的所有类别的非物质文化遗产中，传统音乐类非物质文化遗产共12项，分别是：巴林民歌、阿旗民歌、翁旗民歌、娜布其公主、赤峰雅乐、清代喀喇沁王府雅乐、元宝山雅乐、兴隆庄十番会、宁城十番乐（和乐谱）、宁城铢铢镲锣鼓乐谱、甘苏庙庙乐、蒙古汗廷音乐。

由于这些传统音乐类非物质文化遗产所需表演的人力不同，可以将按照“个体传承型非物质文化遗产”①和“团体传承型非物质文化遗产”②两大类进行划分。其中巴林民歌、阿旗民歌、翁旗民歌、娜布其公主可归为“个体传承型非物质文化遗产”，这四种遗产均可由单人进行表演，并且民歌曲调悠扬、歌词体现的均是蒙古族人民日常生活和所思所想，展现了蒙古族人民对幸福生活的向往和执着追求；赤峰雅乐、清代喀喇沁王府雅乐、元宝山古乐、兴隆庄十番会、宁城十番乐（和乐谱）、宁城铢铢镲锣鼓乐谱、甘苏庙庙乐、蒙古汗廷音乐可归为“团体传承型非物质文化遗产”，这八种遗产均需要一个乐队进行演奏，包括器乐演奏人员和声乐表演人员。除蒙古汗廷音乐、清代喀喇沁王府雅乐外的六种都是在举行祭祀、庆典和举办红白事时演奏，曲调更贴近民间音乐。蒙古汗廷音乐是蒙古可汗的宫廷里专门为“大呼拉尔岱”、可汗、尊臣、外国使臣等高层人物敬献的音乐。王府雅乐是在清代朝廷对内外蒙古扎萨克亲王、郡王、贝勒、贝子、镇国公、辅国公晋京“年班”或晋贡或去围场“木兰秋狝”时，供蒙古王公欣赏，在喀喇沁王府内专为迎送朝廷大臣、官员和喜庆时日进行演奏，据现有资料显示，其可能为蒙古汗廷音乐演化成的新式宫廷音乐。

传统音乐类非物质文化遗产相对于其他类型的非物质文化遗产来说能够较

①② 苑利、顾军：《非物质文化遗产传承人管理工作中的几个问题》，《河南社会科学》，2015年第4期，第111页。

全面地展示赤峰地区蒙古族文化,在某些大型表演性质强的音乐中(如"蒙古汗廷音乐"),人们不仅能够听到悠长浑厚、具有蒙古族特色的曲调,还能了解到蒙元时期蒙古宫廷文化,通过观看演出欣赏到蒙古族舞蹈和蒙古族服饰,一览古代蒙古人在文化艺术、社会活动、乐律理论、音乐表演、音乐美学和宗教礼仪等方面的情况。在某些以民间文学为背景创造的叙事民歌(如《娜布其公主》)中了解蒙古族民间故事和蒙古族人民的日常生活。

二、内蒙古赤峰市传统音乐类非物质文化遗产传承人培养模式总结

(一)内蒙古赤峰市传统音乐类非物质文化遗产传承人培养模式现状

内蒙古赤峰市列入非物质文化遗产传承人名录(包含国家级、自治区级和市级)的传统音乐类非物质文化遗产传承人现有 15 名,年龄均已 50 岁以上。当地一些著名的说唱艺术家相继离世。应该说,对于此类传承人的培养迫在眉睫。

调查总结赤峰市传统音乐类非物质文化遗产传承人的培养,主要有四种模式:

1. 子承父业

子承父业又可以称为"家庭传承"。传承人往往从小就开始听父母演唱,耳濡目染,最终能够学会。例如在赤峰市喀喇沁旗王府镇、小牛群镇一带流传的传统音乐类非物质文化遗产兴隆庄十番乐的传承人就是由薛姓子孙沿袭和发展的,至今仍会在当地举办红白喜事时演奏。自治区级非物质文化遗产传承人金玉就是自幼与母亲学唱翁旗民歌当中的长调民歌。

2. 拜师学艺

拜师学艺又可称为"社会传承"。传承人是因为自己的兴趣爱好所以上门拜

访师傅,跟随师傅学艺最后学成,例如悲剧叙事民歌《娜布其公主》的传承人培养。另一种“拜师学艺”的方式也造就了现有的某些传统音乐类非物质文化遗产,同时体现了非物质文化遗产在发展和传承中的创新。在赤峰地区,这些遗产一开始是寺庙在祭祀时所演奏的乐曲,后经爱好者向当时寺庙内的僧人学习演奏而逐渐流向民间,形成了现在的某些遗产,如宁城铢铢镲锣鼓、甘苏庙庙乐。

3. 建立研究培训组织

在赤峰市宁城县,宁城铢铢镲锣鼓乐谱的代表性传承人靳堂在 2009 年自发成立了“宁城县铢铢镲民族民俗打击乐研究协会”,并由最初的 46 人发展至现在的 159 人,将民间散乱的、濒临失传的铢铢镲打击乐变为有组织、有计划的传艺授业的社团组织,为铢铢镲打击乐这门独特的民族民俗艺术的传承发展培养了三批不同年龄的专业人才。

在喀喇沁旗政府和旗文体局的支持下,旗乌兰牧骑组织建立了王府乐队,在帮助乐队完成对乐器复原的同时,也培养了一批演奏乐器的传承人。

4. 推动“非遗进校园”,在中小学设立非遗传承培训基地

蒙古汗廷音乐的发源地——阿鲁科尔沁旗文化馆和旗政府在这方面就开展了许多活动,例如他们在旗政府驻地的天山镇内四所民族中小学中建立“中国·蒙古汗廷文化传承培训基地”,目前该基地有 5 000 余平方米场所开展传承活动,并且计划在 5 年内编写出适合于中小学生教学的《蒙古汗廷音乐教材》,纳入全旗民族中小学音乐课程。

(二) 对现有培养模式的分析

从历史的角度看,绝大多数传统音乐类非物质文化遗产都是通过口头传授而绵延存续下来的,子承父业和拜师学艺这两种方法是非物质文化遗产最传统的传承途径。

无论是子承父业,还是拜师学艺,这样的传承人培养模式体现了“人”对于想

要传承一种地域文化的强烈情感，传承人从被传承人那里所接触到的音乐不仅仅是音乐，而是融入日常生活中挥之不去的文化记忆。因此，这也是极其有效的传承人培养模式。

但是这种传承在当代遇到了前所未有的问题，已经面临断代的危险。一方面，由于过去40余年我国强力推行计划生育政策，绝大多数家庭只有一个孩子，这就使得子承父业的传承面临了巨大的"无子"可选的问题，事实上也正是这样，由于家庭这唯一的孩子对上一辈的技艺毫无兴趣而使上一辈人的技艺根本没人可教的现象比比皆是；另一方面，传统的拜师学艺基本框定在"学艺吃饭"的规则之内，这个技艺要更多地表现出商业价值，想要通过拜师学艺而获得丰厚回报，这在非遗传承领域是行不通的，因为非物质文化遗产在当今时代均处在式微的状态下，特别是少数民族非物质文化遗产有着天然的"少众"特性，根本不能带来明显的经济利益，因而能够吸引到的"徒弟"凄凄惨惨。

对于某些"团体传承型非物质文化遗产"来说，组成一个乐队或者研究协会，通过团体的排练不断培养和锻炼不同部分的传承人是最具实际意义的。这种在传承人自发成立或者政府鼓励成立的乐团或研究协会中培养出的传承人，不会因为独自学习一种乐器的演奏方式产生难以与他人演奏配合起来的问题，而是能够在一个真实的演出环境中学习，真正实现对于传统音乐类非物质文化遗产的传承。可以说，机构传承是少数民族非物质文化遗产优秀传承人培养的最有效的手段。但现阶段，这种组织的组织能力尚很薄弱、缺少经济实力支撑、功能不够完备、处于发展的初级阶段。

在中小学建立培训基地，让代表性传承人走进中小学校园，进行课堂展演，使得更多学生从小就能听懂并且能够喜欢上传统音乐类非物质文化遗产，或者将曲目编进中小学音乐教材中，每个班的同学都会唱，这不但能够加强低龄学生对于民族文化的认识，也能丰富学生的课余生活，扩大非物质文化遗产的影响力，有利于未来培养更多的传统音乐类非物质文化遗产传承人。校园作为一个学习群体最为集中、学习能力最强的场所所在，加强在校园中传播非物质文化遗产，扩大非物质文化遗产生存的土壤，是非物质文化遗产传承人培养模式中不可缺少的一部分。但目前，这种基地建设还十分有限，覆盖范围很小，曲目与教材缺乏，活动不普及，处在刚刚启动，或称启蒙的状态。

三、少数民族非物质文化遗产传承人培养模式的提升

联合国2003年发布的《保护非物质文化遗产公约》指出，非物质文化遗产是具有民族历史积淀和广泛代表性的民间文化艺术遗产，其在世代相传中不断进行再创造，为传承它的个人、团体和群体提供了认同感，表现了对文化多样性和人类创造力的尊重。内蒙古赤峰地区传统音乐类非物质文化遗产延续至今有力地验证了这个论断，无论是其原生态的演奏和演唱形式，还是逐渐演化生成的现有的用普通话演唱的草原流行歌曲，都极大地提升了蒙古族人民的民族认同和保证其自身文化传承的自觉。现实的危机是，一个民族在发展中往往会受到其他文化的冲击，非物质文化遗产的传承正面临着挑战。必须站在民族发展的高度，全面提升少数民族非物质文化遗产传承人的培养。

1. 确立以“兴趣”为主要目的的培养目标

传统音乐类非物质文化遗产传承人培养面临着的巨大问题和挑战就是现在的年轻人不喜欢传统音乐的曲调和表现方式，认为此类音乐是过时并且不值得学习的，这在很大程度上是由于他们没有接触传统音乐类非物质文化遗产的途径，也不具备欣赏传统音乐的审美能力，再加上政府对于非物质文化遗产代表性传承人扶持力度不强，多方面原因使得传统音乐类非物质文化遗产传承面临着困难。

赤峰地区现行的四种传承人培养模式均是从培养人们的兴趣开始，逐渐使人们产生对传统音乐的喜爱，同样在这个过程中已成为传统音乐的爱好者的审美能力也开始增强。对于子承父业来说，子女在平时生活中会时常听到父母吟唱蒙古族民歌，此时音乐已经融入日常生活的点滴中，变成了生活的必需品，不再是一种刻意要学习的科目。对于非遗进校园来说，让代表性传承人进校园表演更多考虑到的是激起低龄学生对于本地区传统音乐类非物质文化遗产的兴趣，逐渐培养起他们的审美能力，即使他们以后不把传承该遗产当作自身使命，也能在推广、普及和保护非物质文化遗产，使其能够逐代传承下去的过程中作出

一定的贡献。对于组织化的培养模式来说,传承人能自发建立起乐队或者研究协会与加入其中的成员自身对于传统音乐的喜爱密不可分,这些成员在完成正从事的工作后还能参加乐队排练,并且不断吸引着更多的人加入其中,这会使得传统音乐类非物质文化遗产成为人们生活中的一部分,是一种独特的生活方式。

这表明,非遗传承人的培养,必须建立在兴趣导向的基础之上。只有确立这样的目标性,才能使培养工作有效推进,逐渐地扩大受众,逐步地壮大传承人队伍。

2. 培养手段多样化

人才培养手段是在培养活动中使用的教学方式和方法,应与所教授的内容的类型和难易程度,培养对象的年龄、知识水平等个人情况相匹配。在赤峰地区现行的四种传承人培养模式中所使用的培养手段完全是根据所要传承的传统音乐类非物质文化遗产的类型而形成的,不局限为一种固定不变的模式,具有多样化的特点。

跟从老师或父母学习更适合培养"个体传承型非物质文化遗产"的传承人,培养者可以真正了解到培养对象的兴趣和其自身素质,再去选择适合的培养内容,通过"一对一"指导方法来完成培养过程,在这个过程中,培养者不仅仅是培养对象在学习上的指导者也是他们生活中的老师。在乐队或研究协会的团体中学习更适合培养"团体传承型非物质文化遗产"的传承人,培养者会面对一群培养对象进行教学工作,并往往依照培训对象的年龄来确定各年龄段不同的学习进度,同时由于这类传统音乐类非物质文化遗产进行演奏时各部分演奏的内容和方法的确定使得培养者对于教授的内容无法进行选择,若不是完整地传授给培养对象的话,最后培养对象就无法和其他成员一起演奏。

丰富培养手段是在培养非物质文化遗产传承人中需要注意到的一点,多样化的教学方式和方法不仅能激起培养对象的学习兴趣,同样还能确保每种类型的非物质文化遗产在传承过程中都得到最适宜于本项遗产的教授方法。

3. 大力创设传承成果展示平台

人才培养模式中人才培养评价是保证人才培养质量的关键,而设立传承成果展示平台就是为了评价传承人在学习过程中和学习结束后是否真正能掌握该项遗产。

对于赤峰市现行的四种培养模式来说，许多学习者选择学习该项传统音乐类非物质文化遗产就是基于自己的兴趣，他们在接受知识传授前和接受知识的过程中都未经过任何评价机制评价其是否有资质学习或现有知识掌握情况，因此在学习过程中，多种类型的传承成果展示平台就显得十分必要。

保证传承成果展示平台能够顺利设立的一端是表演者，另一端是具备欣赏传统音乐类非物质文化遗产的观众。文化生态代表了一个地区或一个民族逐代传承和发展形成的文化生活，承载着生活在这个文化生态环境中所有人类的文化记忆。实际上，维持当地文化生态环境的稳定，很大程度上在于稳定持久地举办各类文化艺术节、民族音乐会等各种类型的成果展示平台，有了这样的平台，不间断地进行经典展示，在欣赏与被欣赏中，人们原有的文化记忆就会激发出来，逐渐成为传统音乐类非物质文化遗产的忠实观众，文化自然得以张扬与传承。相反，人们就会因为空乏的文化生态环境而丧失原有的文化记忆，日益变得不再重视一些在特定节日和仪式场合需要进行表演的音乐、舞蹈等，这会使得原本就难以被接受的表演艺术类非物质文化遗产更加缺乏进行活态演出的机会，进一步加剧该项遗产的失传。

这种评价机制是可以复制的，可以运用到各种少数民族非物质文化遗产传承人培养过程中。只有搭建更多展示平台，培养者才能发现培养对象在学习过程中存在的问题，并且判断他们是否真正掌握了该遗产的表演方式和方法。通过评价机制反馈给培养者的信息是客观科学的，有利于培养者改进自己的教学方式和方法，为接下来的培养过程顺利进行提供了许多参考。同时，用大量的、持续开展的展示活动，吸引观众，不断扩大非物质文化遗产的生存土壤。

4. 建设专业的“学院式”培养模式

对于设立中小学培养基地这一培养模式来说，当此模式不与设立高校培养基地联合起来时，其最大的作用是从小培养起人们对于传统音乐类非物质文化遗产的兴趣，有利于扩大大众接受传统音乐类非物质文化遗产的基础。当然，这种工作是十分必要的，是应该大力推动予以扩展的。

但从少数民族非物质文化遗产人才培养角度看，把非遗代表传承人请进大学，建立系统并科学的“学院式”培养模式是尤其重要的。

在高校设立传承人培养班，不仅可以有代表性传承人对学生进行规范教授，还有统一的课程设置、培养制度和培养评价机制，是一个学校培养人才的规范模式。传承班所教授的是每个传统音乐类非物质文化遗产对应的一套从基础准备工作到最终表演的范式，学习者通过成体系的学习，才能够完全了解和掌握该遗产的核心内容，将该遗产科学地传承下去。例如内蒙古大学艺术学院从 2011 年起就开设了以蒙语教学的民族音乐传承班、鄂尔多斯民歌传承班、潮尔琴传承班等，实行“导师 + 助教 + 学生”制，传承班的生源是蒙语授课的高中生，在初入学时除了参加统一的音乐基础性考试外，学校还会形成考试组对考生进行面试。入学之后的课程包括两方面：一是专业课，传承班由助教协助，导师采取个别辅导和集体授课相结合的方式；二是公共课，课程类型是音乐学专业必修课和选修课。除此之外，传承班同学还在假期时间多次到外参加各种晚会、演出，到具体地点拜访民间艺人等。①

通过高校传承人培养班出来的学生不仅要在校学习专业知识，还要多多增加少数民族文化学习，加强文化理论的学习，从而真正培养出专家型的传承人，培养大师级传承人；通过专家和大师的带动与推广，才能实现让民间音乐回归民间，才能真正完成对于非物质文化遗产的传承。

四、小　　结

内蒙古赤峰市作为一个蒙古族聚居区，有着丰富的非物质文化遗产，但是受到现代生活方式的冲击，这些非物质文化遗产面临着很大的传承困难。在保护这些非物质文化遗产的过程中，当地重视起对传承人的培养，既有以激发民众兴趣为目的的培养模式，又在不断尝试能专业且系统教授非物质文化遗产的培养

① 博特乐图：《高校到底培养什么样的传承人？——内蒙古大学艺术学院民族音乐传承班的探索》，《人民音乐》，2015 年第 1 期，第 57—60 页。

模式。

“活态性保护”是非物质文化遗产保护过程中应时刻遵循的原则，因此非物质文化遗产传承人的培养是活态性保护中最为重要的一环。非物质文化遗产传承人是保证非物质文化遗产能够完整并且顺利传承的主体，培养传承人和保护非物质文化遗产两者之间有着密切的关系。

人才培养从构成要素上来讲，包括培养对象、培养者和培养措施①，就范围来讲，包括社会的人才培养和学校的人才培养，通常所指的人才培养即学校的人才培养。对于学校的人才培养来说，确立其人才培养模式时要考虑设立什么样的人才培养目标和采取什么人才培养措施这两方面的问题，在人才培养措施方面，要从人才培养内容、人才培养手段、人才培养制度和人才培养评价这四个方面出发，结合已设立的人才培养目标进行综合考量。实际上，在培养非物质遗产传承人时，要考虑到很多非物质文化遗产为民间的实践活动或是由民间实践活动产生的，因此在人才培养时要同时考虑进行社会的人才培养和学校的人才培养，某些衡量和确立学校人才培养模式的标准和原则也能用于社会的人才培养，一个科学的人才培养模式是少数民族非物质文化遗产进行可持续传承和发展的重要组成部分。

少数民族非物质文化遗产传承人是少数民族地区文创人才中的生力军，只有不断拓宽传承模式，加强人才培养，坚守和保护好已有的文化资源，才能在此基础上开发具有时代特征的民族特色文化产品，发展新时期的少数民族文化创意产业。

---

① 朱晟利:《论人才培养模式的概念及构成》,《当代教育论坛》,2005年第5期,第28页。

古陶瓷鉴定复合人才培养模式初探

李利鹏[*]

摘要：为满足当代文物艺术品市场需要和响应国家文物局发布的《关于促进文物合理利用的若干意见》重要精神，根据国内外古陶瓷鉴定研究和教学的现状，本文提出一项基于新教学研究材料（古代陶瓷窑址或古人类生活遗址出土的古陶瓷标本）的传统“眼学”鉴定与科学鉴定教学并用的古陶瓷鉴定复合人才培养模式。

关键词：传统“眼学”鉴定；科学鉴定；古陶瓷标本；古陶瓷鉴定复合人才

古陶瓷鉴定教学应跟随文物艺术品市场需求的变化、国家政策的导向、科技的发展和教学研究材料的更新，并根据当前已取得的科研经验和学术成果，逐渐在各项条件成熟的基础上进行改革。所以本文的研究具有一定的现实意义和实践意义。

一、国内外古陶瓷鉴定人才培养的现状

西方的中国古陶瓷鉴定教学主要由佳士得与苏富比等大拍卖公司所属的艺术学院承担，教学偏重于文物艺术品交易与收藏市场需求。西方高校主要围绕

---

* 李利鹏，上海视觉艺术学院文化创意产业管理学院讲师，主要研究方向为文化产业。

文物学研究展开，根据各大国际博物馆馆藏中的典型标准器进行科研，较少论及文物的真假判断问题，更加偏重学术。当前国内古陶瓷科学鉴定的研究主要集中在国有博物馆、国家级研究机构与个别具有研究能力和技术设备的高校当中，例如：中国科学院上海硅酸盐研究所、中国科学技术大学科技史与科技考古系、中国科学院高能物理研究所、陕西科技大学（原西北轻工业学院）、复旦大学现代物理研究所等专业研究机构①。但文博事业单位和科研机构不以培养面向文物艺术品市场的专业古陶瓷鉴定人才为研究和教学目的，并且在法律层面也不可以参与到市场交易当中。其主要集中于对民族文化历史的研究，以及古陶瓷的科学检测分析与数据库的建立。专门为市场培养古陶瓷鉴定人才的机构基本都具有浓重的商业色彩，而且均运用传统的“眼学”鉴定法进行教学，没有科学思维和技术手段。所培养出的人才依旧依靠经验判断，缺乏科学依据。文物鉴定的发展趋势越来越清晰，随着科技的不断发展，最终会脱离人的主观判断，逐渐完全依靠科学手段。

二、培养目标及论述

为满足当代文物艺术品市场需要和响应国家文物局发布的《关于促进文物合理利用的若干意见》重要精神，根据国内外古陶瓷鉴定研究和教学的现状，本文提出一项基于新教学研究材料（古代陶瓷窑址或古人类生活遗址出土的古陶瓷标本）的传统“眼学”鉴定与科学鉴定教学并用的古陶瓷鉴定复合人才培养模式。

（一）新市场需求的出现与未来

1. 新市场需求的出现

进入21世纪以来，随着我国人民物质生活和文化水平的稳步提高，收藏队

① 王佳：《明代正德时期官窑瓷器装饰研究——基于景德镇御窑厂考古发掘最新资料》，硕士学位论文，浙江大学，2015年。

伍逐步扩大。中国文物的价格在国际市场上节节攀升,极大地刺激了民众的收藏欲望。为了迎合庞大的市场需求和满足部分收藏者的逐利愿望,大量古陶瓷仿品和赝品充斥市场,鉴定古陶瓷真伪成为当前面临的困境。而具备科技鉴定能力的文博事业单位在法律上明文禁止参与市场交易,所有鉴定问题市场内自行解决。所以,市场中出现了大量各类鉴定“专家”和“机构”在浑水摸鱼,借以开具鉴定证书进行牟利。这类“专家”和“机构”的鉴定判断主观性极大,很难做到客观和正确。现在我们不仅要面对文物的真伪问题,还要面对真伪“专家”的问题,这使得市场更为混乱。所以我们迫切需要既有传统“眼学”鉴定能力,又具科学鉴定能力和职业道德操守的专业鉴定人才。使他们成为文物艺术品市场之中的新型主体,当好“竞技场”上的合格“裁判”。只有具备了合格人才、有效的科学鉴定方法和市场管理办法,才能逐步稳定市场,使其得以健康快速地发展。

2. 国家政策的导向和文物艺术品市场的趋势

国务院总理李克强 2016 年 2 月 24 日主持召开国务院常务会议,部署加强文物保护和合理利用,传承文化根脉凝聚民族精神,首次提出了对文物资源要“合理利用”的方针。国际文物局于 2016 年 10 月发布《关于促进文物合理利用的若干意见》,其中又进一步提出了“文物利用的基本原则,坚持把社会效益放在首位”,并要求对文物进行“创新利用”和给出“依托文物资源……进行文化创意产品开发”的具体措施、鼓励政策①。国家已对文物艺术品市场的发展方向给出了明确的政策引导。

当代文物艺术品市场不仅需要为保障交易实现的鉴定人才,还需要满足日益增长的大众对文物所蕴含的文化、艺术、社会和历史价值的文化消费需求。而且随着科技的进步,人类对文物鉴定的深入研究,最终一定可以摆脱人的主观判断,全部依靠科学手段完成。那么,此时的鉴定人才就需要从对文物真伪的判断工作中转向对文物所蕴含的文化、艺术、社会与历史价值挖掘和衍生产品开发的探索中了。

---

① 乔木:《经济大事记(2016.2.16~2016.3.15)》,《经济研究参考》,2016 年 3 月 21 日。

(二) 培养古陶瓷鉴定复合人才的根据

1. 传统"眼学"鉴定及其局限性

传统文物鉴定采用"目鉴"形式,故鉴定学又称"眼学"。

"眼学"是一门经验学,科学上可称之"标型学"。简单地解释就是当被鉴定物出现时,鉴定者马上从头脑的记忆中提取相对应的标准器特征资料进行比对,如没有对应资料马上进行下一轮类比,随后做出判断。传统的古陶瓷鉴定亦然①。传统的"眼学"局限于鉴定师头脑中标准器的特征资料储备的多少,以及对古陶瓷共同特征或一般特征资料储备的多少。如果超越了这个范围就无法做相应的比对和判断了,而且传统"眼学"又易受鉴定环境以及鉴定师心态的影响,最终判断的主观因素比重较大。

2. 当代古陶瓷科学鉴定及其局限性

碳十四测年法、热释光测年法、X 射线荧光分析法等技术早在 20 世纪 40 年代就已开始推广到文物鉴定工作中,但因为有一定的局限性,也出现过错误的判断②。当代国内外古陶瓷无损伤鉴定,主要是对陶瓷胎与釉的成分、烧成温度、烧制时间、显微结构等方面进行测定和分析,其主要采用同步辐射 X 荧光、PIXE 和 XRF 定量分析等方法③。而这些方法的使用,是需要对大量古陶瓷标准器检测为前提,建立数据库以及一整套先进设备和技术人员的支持。直到今天,科学仪器鉴定还不能起决定作用,必须要与传统"眼学"鉴定相结合,才能得到更为客观的鉴定结果④。

---

① 李家治:《中国科学技术史:陶瓷卷》,科学出版社 1998 年版。

② 李晓东:《文物学》,学苑出版社 2005 年版。

③ 吴隽:《陶瓷科技考古》,高等教育出版社 2012 年版。

④ 《陶瓷鉴定》,百度百科,https://baike.baidu.com/item/%E9%99%B6%E7%93%B7%E9%89%B4%E5%AE%9A。

3. 出土古陶瓷标本对古陶瓷鉴定教学的作用

随着我国历经40年的全国性基础设施建设,众多历史名城焕然一新,发生了翻天覆地的变化。伴随建设与考古,在古代人类生活遗址和古代陶瓷窑址中出土了大量的古陶瓷标本,这为我国的古陶瓷研究和教学提供了宝贵而全新的资源。这种情况从未在历史上出现,而西方世界是没有这种资源的。目前上述科研机构都采用古代陶瓷窑址中出土的古陶瓷标本作为研究材料,并运用科技手段对这些标本检测和分析,进而进行数据库的建立。除国家科研机构对出土古陶瓷标本的研究之外,更有民间收藏者积极地开展对出土古陶瓷标本的收集、整理和研究,而且成绩斐然。这种新形势为古陶瓷鉴定研究和教学提供了启示。

传统"眼学"要先从长期对传世或出土标准器进行认知揣摩入手,进而心领神会,获得经验和体会。传世或出土的完整标准器,不易让众多学生人人过手、长期揣摩。因为其价值斐然,容易发生损坏。完整标准器对于科研来说很难成体系与相应规模数量。除国际级博物馆中的馆藏外,大多数科研单位和高校很难有类似的存储量。所以我们需要用标本来替代完整标准器进行科研和教学。

标本可以替代完整器的原因有三:一是其所拥有的特征与信息完全一致;二是其范围比完整器要大得多,例如南京明代皇城遗址护城河中,出土的洪武釉上红彩龙纹盘标本就没有对应的完整器存世,而且也将釉上红彩瓷创烧的历史上限提前到明代初年;三是其还具有完整器不能提供的瓷胎和瓷釉断裂截面的重要信息①。

4. 面向未来的文物价值挖掘与衍生产品开发

古陶瓷鉴定的未来一定是依靠科技手段,完全排除人的主观性判断的。文物是非常宝贵的物质文化遗产,其可以反映不同时代人类的文化、经济、政治和社会等方面的重要历史信息。所以不仅要研究和设计运用传统"眼学"和科技手段对古陶瓷进行鉴定的教学,也要研究和设计出针对文物价值挖掘和衍生产品开发能力的教学。

---

① 中国硅酸盐学会:《中国陶瓷史》,文物出版社2009年版。

三、教学内容、课程设计与教学方法

(一) 教学内容

针对符合当代文物艺术品市场需求的古陶瓷鉴定复合人才的教学，应主要包含四项内容：专业知识、专业技能、专业素质和专业操守①。

1. 专业知识

古陶瓷鉴定复合人才应掌握相当的人文与历史、艺术与考古、文物与鉴定、相关法律法规、文物艺术品市场等专业理论知识。

2. 专业技能

古陶瓷鉴定复合人才应具备文献研究、考古类型学研究、传统"眼学"鉴定、古陶瓷科学检测和数据分析、文物鉴定报告撰写、文物价值挖掘、衍生产品开发、市场营销等专业技术与能力。

3. 专业素质

古陶瓷鉴定复合人才应具有深厚的人文素养、科学的逻辑思维、求真务实的科学态度等专业素质。针对上述专业素质的培养应结合在具体的专业课程教学和实践当中。

4. 专业操守

古陶瓷鉴定复合人才应具有职业道德。在文物相关法律法规的教学中会以案例教学为主，要让同学们知法守法。同时，也将在文物执业道德培训、传统"眼学"鉴定与文物艺术品市场教学当中，强调专业规范和市场准则。

---

① 孙绍荣:《高等教育方法概论》，华东师范大学出版社 2003 年版。

(二) 课程设计

第一教学年：

课　程　名　称	课程性质	学　分	课　时
《考古学概论》	理论课	2	36
《文物鉴定学》	理论课	2	36
《中外美术史》	理论课	4	72
《中外陶瓷史》	理论课	4	72
《陶瓷艺术与科技》	理论课	2	36
《文物艺术品相关法律法规》	理论课	4	72
《博物馆观摩》	实践课	2	36
《古陶瓷标本观摩与研究》	实践课	2	36
《文物艺术品市场调研》	实践课	2	36

第二教学年：

课　程　名　称	课程性质	学　分	课　时
《文物艺术品市场学》	理论课	2	36
《古陶瓷收藏与投资》	理论课	2	36
《市场营销》	理论课	2	36
《史料文献研究与方法》	实践课	2	36
《古陶瓷类型学研究与方法》	实践课	4	72
《传统“眼学”鉴定研究与方法(一)》	实践课	4	72
《传统“眼学”鉴定研究与方法(二)》	实践课	4	72
《古陶瓷科技鉴定研究与方法(一)》	实践课	4	72
《古陶瓷科技鉴定研究与方法(二)》	实践课	4	72

第三教学年：

课　程　名　称	课程性质	学　分	课　时
《陶瓷制作与仿古》	实践课	4	72
《陶瓷保护与修复》	实践课	4	72
《文物执业道德培训》	实践课	2	36
《文物研究与方法》	实践课	4	72
《衍生产品设计与开发》	实践课	4	72
《古陶瓷综合鉴定研究(一)》	实践课	4	72
《古陶瓷综合鉴定研究(二)》	实践课	4	72

第四教学年：

课　程　名　称	课程性质	学　分	课　时
《毕业实习》	实践课	8	144
《毕业论文》	实践课	4	72

(三) 教学方法

要培养古陶瓷鉴定研究综合人才，要用符合其教学内容要求的教学方法。

首先是理论课程的教学。例如《古陶瓷收藏与投资》课程，此课程由主讲老师进行理论授课，课程内容由两大部分组成：一为基础理论部分；二为市场案例分析部分。这样就可以使相对“枯燥”的理论知识，在典型案例中变得生动有趣，理论联系实际，易于学生理解和掌握。

除理论教学外，需进行大量的实践教学。例如《古陶瓷类型学研究与方法》课程，其分为四个教学部分：第一，考古类型学的原理、方法、流程和报告写作的理论知识；第二，教师进行实践操作，进行示范；第三，学生对古陶瓷标本教材进行比较与分类，并撰写报告的实践；最后，教师根据分类结果和报告给予讲评和指导①。

① 冯先铭：《冯先铭陶瓷研究与鉴定》，紫禁城出版社 2009 年版。

根据培养复合人才的教学内容要求,不仅有艺术鉴赏和艺术创作的实践类课程,还会有物理、化学学科的实验教学。例如《陶瓷科技检测研究与方法》课程,本课程将讲授科技检测、数据分析的原理和方法,而且会让学生们在老师的指导下进行实验。根据检测方法的不同,分为三个部分:一为热释光测年法的实践教学;二为 XRF 定量分析法的实践教学;三为利用高倍显像数字相机对陶瓷高倍成像后的特征分析比较法的实践教学①。

在最后一个学年,《毕业实习》课程,我们将会让同学们进入实战教学,要求其对指定鉴定标的进行综合鉴定,并根据科学的检测和数据分析撰写鉴定报告。

四、教学师资方案

根据培养目标和教学内容的需求,师资团队将由四个领域的学者专家组成:一为人文艺术、考古领域;二为相关物理、化学领域;三为相关企事业单位和鉴定研究所;四为一线文物艺术品市场。

这四个领域的专家学者所组成的教师团队的教学分工:人文艺术领域教师,负责文史知识、考古学、文物学、市场学、法律法规等专业知识和技能的教学任务;相关物理、化学领域教师,负责物理、化学的相关知识,及科学检测分析技能的教学任务;相关企事业文物单位或鉴定研究所的专家学者,负责文物鉴定知识与技能的教学任务;文物艺术品市场一线的成功商人与收藏家,负责文物鉴定实践、市场投资与案例分析等专业知识与技能教育的授课或系列讲座。

虽然四个领域的专家学者分别负责各自领域的教学任务,但他们的培养目标是一致的。所以必须在教授各自专业课程的基础上,对其他三个领域的内容也要了解和相互沟通。有必要常开教学会,研讨教学之间的配合,做到你中有我,我中有你,让同学们将四个领域的知识和技能融会贯通。

① 故宫博物院:《中国古代窑址标本(全套)》,故宫出版社 2013 年版。

五、古陶瓷鉴定复合人才培养模式的创新之处

（一）古陶瓷鉴定复合人才的培养目标

古陶瓷鉴定复合人才的概念所强调的是针对古陶瓷鉴定市场鱼目混珠的情况，培养最为客观、最具说服力和话语权的鉴定人才。区别于传统艺术院校和科研单位的教学模式：传统艺术院校所培养的文博鉴赏专业的学生，只掌握传统“眼学”鉴定技能；科研单位所培养的科研人员，只掌握物理和化学检测分析的方法和技能，不能对文物进行全方位的文化和艺术阐释。所以古陶瓷鉴定复合人才培养模式试将传统“眼学”鉴定和科学鉴定相融合。

（二）使用新教学研究材料

新教学研究材料指的是从古代陶瓷窑址和古人类生活遗址中出土的古陶瓷标本。我们试将古陶瓷标本作为古陶瓷鉴定教学和科学研究的标准器，其数量、质量和便于实验研究的特点将比完整标准器更有优势。所以，在整个教学过程中，新教学研究材料的应用将会体现在《中外陶瓷史》《古陶瓷标本观摩与研究》《古陶瓷类型学研究与方法》《传统“眼学”鉴定研究与方法》《古陶瓷科技鉴定研究与方法》等专业课程当中。

（三）面向未来，培养文物价值挖掘与衍生产品开发的复合人才

人才的培养不仅要满足当代文物艺术品市场的需求，也要预测未来市场可能的变化。当文物鉴定完全由科学仪器取代，文物鉴定人才将面临巨大的挑战。所以根据不断增加的大众对文物的文化消费的新市场需求，我们设计了针对古陶瓷的文化、艺术、社会和历史价值挖掘与衍生产品开发的复合人才教学模式。

浅谈体育文化创意产业视角下的赛事营销人才构成及其培养

汤伊乐*

摘要:随着经济、文化、科技和体育产业的高速发展,大众对体育产品的消费需求呈现出个性化和多极化的趋势;而作为其核心内容的赛事营销人才需求缺口问题在密集的产业扶持政策与社会资源的积极推动下日益凸显。基于此,通过文献资料法、逻辑分析法等对体育文化创意产业概念及特征进行阐述分析,为相关专业人才构成及培养机制的探索与研究提供新的视角。

关键词:体育文化创意产业;赛事营销;人才构成;培养机制

在经济全球化和世界多极化趋向不断加强,国际间竞争日趋激烈的今天,大力推动第三产业的发展已成为我国提高自主创新能力、增强国家竞争力和提升国际地位的重要发展战略。而在追求高附加值、强调产业融合的新知识科技时代,随着我国居民收入和生活水平的提高、物质财富的日益积累,他们对于健康需求、审美情趣的需求开始逐步增加。体育文化创意产业已俨然成为助推社会经济快速发展的重要动力,在促进产业结构转型升级、实现创新驱动发展战略方面起着积极作用。而赛事营销作为主要的产业要素将其资源有效地整合与转化

---

* 汤伊乐,上海视觉艺术学院文化创意产业管理学院讲师,主要研究方向为文化产业、文化旅游、体育产业与体育文化。

成满足人们物质、文化和精神需求，以及具有创新创意特色类型的体育产品。因此在体育文化创意产业迅速发展的背景下，从政策趋向、发展机会、市场需求及存在问题等方面对赛事营销人才需求环境进行梳理与分析；突破旧有模式，融合产业优势，创意创新，加快推进赛事营销人才培养体制建设进程；优化营造其成长的环境，建立有效的锻炼实践平台，培养具有创意创新特色的复合型赛事营销人才，为后续的理论研究和实践操作提供借鉴和参考。

一、体育文化创意产业的概念及特征

产业是一个多义词，一般可泛指行业、部门、不动产业、动产业等。从经济学角度看，产业是同一属性的企业集合，其目的就是在某种市场中，有效地利用各种资源，实行价值的最大化①。而文化创意产业是经济社会发展进程中的新兴产业，它具有自身的特征，既不是传统产业分类体系中的一个门类，也不是完全新生的产业，在原有的产业分类体系中很难明确地划分出来。现有的进行创意产业分类体系的研究一般是依据传统产业分类体系中按产业产出进行划分的②。美国密苏里州经济研究与信息中心发布的《创意与经济：密苏里州创意产业的经济影响的评估报告》对创意产业的表述是指雇佣大量艺术、传媒、体育从业人员的产业。厉无畏教授同样提出，在理论上，创意产业是无边界产业，它可以融合到任何产业里。渗透性作为创意产业最显著的外部特征主要表现在三个方面：一是新型创意产业与传统文化产业在互动中渗透；二是创意产业各个部门之间的渗透；三是创意产业对传统产业的渗透③。

张孔军、于详的《首都体育文化创意产业定位研究》一文更是指出体育文化创意产业的核心与源头是体育文化，体育文化与体育赛事、体育资源三个要素的共同作用与紧密结合，支撑起了这个具有全新内涵的新兴产业，并成为带动相关

① 闵健、卢锋、许传宝：《体育产业市场经营环境分析的方法论》，《成都体育学院学报》，2003 年第 29 卷第 2 期，第 6—10 页。

② 白庆祥、李宇红：《文化创意学》，中国经济出版社 2003 年版，第 1—15 页。

③ 厉无畏：《创意产业导论》，学林出版社 2006 年版，第 25—27 页。

产业整合的新型产业链形式[①]。

虽然体育文化创意产业的概念目前还没有统一，但根据相关论述，可以理解为具有“以知识产权实现或消费为交易特征，为社会公众提供文化体验”的那部分内容[②]；以体育文化产业和文化创意产业为基础，以体育文化、体育创意、体育技术为重要支撑，能够创造出较高的以体育文化艺术、体育信息、体育经济为价值核心并具有知识产权的附加值，为社会公众提供体育文化产品和体育文化服务的新兴产业[③]。由此可见，体育文化创意产业同时兼具融合性强、附加值高、延伸度广等特征，是与体育产业、文化创意产业互相作用、渗透和结合的产业化活动。

二、我国体育赛事营销人才需求环境分析

（一）政策趋向分析

国家先后出台了《国务院办公厅关于加快发展体育产业的指导意见》（国办发[2010]22 号）、《国务院印发〈关于促进健康服务业发展的若干意见〉的通知》（国发[2013]40 号）、《国务院印发〈关于加快发展体育产业促进体育消费的若干意见〉的通知》（国发[2014]46 号）等一系列重要文件出台，对于促进体育产业的大力发展有着重要的战略意义，使体育产业进入了一个迅猛增长期。

2014 年 12 月，国家体育总局颁布了《关于推进体育赛事审批制度改革的若干意见》根据此文件，除全国综合性运动化和少数特殊项目赛事外，包括商业性和群众性体育赛事在内的全国性体育赛事审批一律取消，这是我国体育产业发展史上的重大突破，同时为更好地促进我国体育赛事健康良性地发展打下了扎实基础。2015 年 9 月，上海市政府发布的《关于加快发展体育产业、促进体育消费的实施意见》指出：“上海将围绕建设全球著名体育城市的目标，努力打造世界

---

① 张孔军、于详：《首都体育文化创意产业定位研究》，《体育文化导刊》，2007 年第 8 期，第 21—36 页。

② 尹博、冯霞：《北京体育文化创意产业研究》，《体育学刊》，2010 年第 17 卷第 6 期，第 21—24 页。

③ 李佳川、李亦波、唐金根：《论体育文化创意产业与现代城市发展之关系》，《当代体育科技》，2016 年第 6 卷第 29 期，第 143—145 页。

一流的国际体育赛事之都”；“继续发挥体育赛事在体育产业发展和改革中的引领作用。基本形成全民健身、职业体育和体育赛事引领体育产业协调发展的新格局。高端体育用品制造业、智慧体育快速发展；体育旅游、体育传媒、体育金融、运动与健康促进等新兴体育业态不断壮大①”。

从2014年3月国务院印发的《国务院关于推进文化创意和设计服务与相关产业融合发展的若干意见》提到“促进文化与体育产业融合发展，鼓励文化企业向体育领域拓展，支持发展体育竞赛表演、电子竞技、体育动漫等新业态。加强创意设计，提升体育用品及衍生产品附加值②”，到2016年4月国家发改委等24个部门《关于印发促进消费带动转型升级行动方案的通知》的“迅速打破教育、文化、体育、养老、健康等领域存在的深层次体制机制障碍，深入推进事业单位和垄断行业改革，营造有利于各类所有制企业公平竞争的市场环境；推动互联网等新技术与传统商贸流通业有机结合，促进线上线下、体验分享等多种消费业态兴起和发展，增强创新驱动发展的能力③”，2016年5月，国家体育总局发布的《中国体育发展“十三五”规划》中，明确指出：“我国体育产业规模逐步扩大，体育消费明显增加，2014年我国体育产业总规模13 574亿元，产业结构持续优化，产业体系日趋健全，产业政策不断完善，与文化、旅游、医疗、养老、互联网等领域的互动融合日益加深④。”这些国家颁布的相关政策都不断鼓励和推进体育产业与文化创意及相关产业的融合发展，积极把握国家产业结构调整政策的良好机遇，加快培育符合当今形势发展的优秀体育赛事营销人才。

(二) 发展机会分析

我国体育市场化的发展尚处于起步阶段，各类体育赛事营销和开发都蕴藏

① 资料来源：上海市人民政府，《关于加快发展体育产业、促进体育消费的实施意见》[EB/OL]，http://www.shanghai.gov.cn/nw2/nw2314/nw2319/nw2404/nw38862/nw38863/u26aw44496.html。

② 资料来源：国务院办公厅，《关于加快发展体育产业、促进体育消费的实施意见》[EB/OL]，http://www.gov.cn/zhengce/content/2014-03/14/content_8713.html。

③ 资料来源：国家发展改革委，《关于印发促进消费带动转型升级行动方案的通知》[EB/OL]，http://www.ndrc.gov.cn/zcfb/zcfbtz/201604/t20160426_799488.html。

④ 资料来源：国家体育总局，《中国体育发展“十三五”规划》[EB/OL]，http://www.sport.gov.cn/n316/n340/c723004/content.html。

着巨大的发展潜力。通过体育文化创意产业的催化和集聚效应,进一步促进居民消费能力和带动产业结构调整升级,提高产业创新创意水平和整体实力,使得体育赛事盈利模式更趋于多元化,也使优秀赛事营销人才通过大量的实操实践得到成长锻炼,迅速脱颖而出。

随着经济发展,人们的消费观念和模式都相应发生着巨大的变化。越来越多的人开始关注自身健康,注重身体素质的提高和意志品格的磨炼,对于体育赛事的参与和关注程度、频率越来越高。作为最具有开发潜力的商业领域,各大财团资本已意识到其重要性,纷纷布局体育赛事相关产业链。根据国家体育总局最新统计数据,2015 年,中国体育规模约为 17 600 亿,其中体育赛事运营规模约为 1 400 亿,以该比重保守估计未来 5 年内,体育赛事运营规模有望达到 2 400 亿,5 年的年均复合增长率 11.38%;未来 10 年内,体育赛事运营规模有望突破 4 000 亿。总体来看,未来 5—10 年我国体育赛事运营产业将进入高速发展阶段①。而文化创意相关产业各领域作为丰富的内容载体,通过体育赛事营销将会产生令人意想不到的产业边际效应。提高体育文化消费水平,吸引大众参与,及如何在赛事营销中赋予更多的体育文化创意已给相关专业人才提供了巨大的发展空间和机会。

(三)市场需求分析

依据国家体育总局体育科学研究所体育社会科学研究中心和上海体育学院体育产业发展研究中心提供的研究情况显示,全国开设体育专业的本科院校中,开设体育赛事相关专业的院校仅 7 所,专业种类仅 10 个;每年毕业生总数 2 000 人左右,其中并没有专门对应设置培养体育赛事营销的专业。但与之相对应的是 2014—2015 年,新成立的体育产业相关企业达到近 50 万家,经营范围涉及体育赛事,体育场馆占到了 64%。新成立的体育产业公司中注册资金百万元以上企业达到 1 万家,注册资本金总量达到近百亿,其中体育赛事、体育场馆、体育文

① 资料来源:中国投资咨询网,《体育产业七大投资热点报告》[EB/OL],http://www.ocn.com.cn/reports/1936tiyuchanye.shtml。

化企业注册资本金超过 68 亿人民币。以上海为例注册的 236 家体育赛事相关企业中，体育院校毕业的人员占 34.16%，赛事相关专业毕业的人员占 4.21%，管理类专业毕业的人员占 44.95%，营销相关专业背景人员占到 27.94%。大量的非专业人才充斥着体育赛事企业，兼具体育赛事和营销策划能力的人才更是凤毛麟角。

自从国务院 46 号文颁布以来，体育系统外预计约有 30 万人涌进体育行业，但这个数字仍然很低，实际上中国目前需求量最大的是体育营销管理人才；体育院校虽然培养的人才相对比较多，但未必完全符合市场发展的实际需求。尤其是京津地区、长三角地区、珠三角地区作为中国改革开放的窗口、经济最发达地区，同时也是体育产业最活跃的地区，相关专业人才“求大于供”的市场需求现象尤为显著。

（四）存在问题分析

1. 人才总量不足

中国体育产业的发展对于人才的需求和储备存在着严重的不足，对于院校和相关人才培养机构都是巨大的机会和空间。在 2016 年 4 月 16 日举行的“体育行业人才风向标”论坛上，知名体育学者易剑东先生在其主题演讲中讲道：“从现在起到 2025 年，中国缺少至少 500 万体育人才”；“中国 2025 年体育产业总产值如果达到预期的 5 万亿，体育产业从业人口将需要至少 1 000 万人”；“中国体育产业与发达国家的差距首先体现在人才数量严重不足，而这个严重不足仅靠体育系统是无法补足的①”。现今我国对体育产业的重视和扶持，大量体育赛事相关企业的诞生造成就业岗位巨大的需求，对具有专业知识技能和创新意识的高层次专业人才必然求贤若渴。由此造成人才短缺就业门槛低，从业人员素质良莠不一，众多非体育背景的人员得以进入体育赛事企业工作。但由于知识结

---

① 资料来源：禹唐体育，《体育行业人才风向标论坛精华回顾》[EB/OL]，http://www.ytsports.cn/news-9740.html?wd=行业人才风向标。

构和能力上的先天缺失,工作效果往往大打折扣,在一定程度上影响了企业的发展和体育产业前进的速度,甚至给企业带来巨大的损失。虽然近年来全国高校纷纷设立了与体育产业有关的专业,同时设立一些培训班和培训部门来培养相关人才,但符合新时代特征具有专业知识和创意能力的赛事营销人才依然十分匮乏。市场迫切需要一批懂得营销运作、了解操作流程和规范,并能将有利的商机转化为经济效益的应用型体育赛事营销运作人才。由此可见,在整个体育产业链加速转型和发展的现阶段,相关专业人才供需关系不相匹配的问题不容乐观。

2. 人才结构不合理

现今赛事营销人才的结构失衡主要表现为办学单位不能与时俱进地根据产业结构更新迭替与科学技术进步发展去做出相应的反应和调整,不顾自身实际情况,依旧以学科为本位,在培养方向和层次定位偏离用人市场需求。由于赛事营销人才的培养具有课程门类广、理论要求高、应用能力强的特点,有着比其他专业更强的专业性、复合性、多样性、应用性和全面性的要求。但绝大部分从传统行业转型而来的相关从业人员对体育文化创意和赛事营销管理组织的理解和实践技能都比较薄弱,整体水平知识结构单一,内部行业差距较大、集约化程度低、发展不平衡。至于精通管理、法律和外语复合型经营管理人才或者高层次的赛事营销人才更是屈指可数。而欧美西方国家体育产业发展成熟,各类经典赛事层出不穷,大众体育普及和参与率高,主要得益于重视系统完善的体育专业人才教育培养,其聚集的高素质人才的优势也就越发明显。因此能否遵循市场实际的需求,规划科学,且结构合理、层次分明的人才储备体系是决定体育赛事营销能否健康良性发展的第一要素。

3. 人才教育与培训体系滞后

高校是培养各种高素质多技能人才的主要来源地,虽然部分高校根据时代的发展与知识结构的更替对人才培养做出相应的调整和适应,但仍然存在着专业设置趋同,办学特色不明显,教学方式单一、缺乏实践教学环节,课程设置老化等问题,尤其是师资力量不足适应不了现阶段教学需要的问题突出。由于部分教师长期在学校任教，缺乏工作实践经验，与现有体育市场营销环节脱节，造成主观选择教学内容、决定教学过程，向学生灌注现成的知识结论，忽视对学生的创新能力培养，使得培养的人才知识面狭窄，实践动手能力差，缺乏个性和创造力。在现今日益激烈的全球化体育市场竞争格局和形势下，国内的体育赛事营销和场馆管理人才培养体系的规划及建设是相对滞后的。

4. 人才管理方式粗放，激励机制不健全

新时期体育赛事营销人才是特殊新颖的人力资源，在人格特质、心理需求和行为方式等方面不同于普通营销人才。大多数相关企业还基本处于对于引进招聘、薪酬福利等事务型工作管理的中低端阶段，对员工的个人规划、继续发展、团队建设以及企业文化等人力资源高端模块的重视不够，基本都集中在物质奖励、薪酬激励，对员工的激励方式较为单一，没有建立起一种长期、有效的激励机制，且管理手段比较粗放。“重使用、轻培养”的问题普遍存在，只关心如何出业绩，甚至轻视员工的继续教育和提升。传统的管理手段已经并不适用，导致相关人才进入企业“吃老本”，工作能力停滞不前甚至倒退。由此人才如何去“选”“培”“用”，对于教育部门、用人单位及人才自身提出了新的挑战，成为相关各行业亟待解决的问题。

三、创意时代赛事营销人才的构成

（一）全媒体整合赛事营销人才

现代体育市场迅速兴起无不得益于大众传播媒介，其中赛事竞争带来的激烈性、娱乐性和惊险性可以全方位展现给受众，并且对社会产生的影响力势必成为大众传播中无比生动和丰富多彩的媒体资源。在高科技发展的时代潮流下，随着数字技术和网络技术的成熟和发展，各类形式的媒体层出不穷；传统媒体和新媒体的碰撞与融合使得不同媒介形式之间的界线日趋淡化缩小。媒介之间的碰撞与融合不仅是形态的碰撞与融合，更是数字技术、消费意识、社会经济和创意文化的融合。当电视广告、路牌、公关、报刊、自媒体等媒介形式都已成为体育赛事使用的基本营销手段时，利用全媒体整合传播去进行赛事营销产生的优势是显而易见的。为了更好地找到众多的渠道与新时代的消费建立起正确的联系，充分利用媒介资源对赛事进行全媒体整合营销推广，使其产品得到最大限度的开发和增值。因此体育赛事营销人才对于大众传播和经济管理、社会学和创意特质、市场营销和项目策划与组织等各类学科领域需掌握的知识都有着基本要求和职业素养，而全媒体整合赛事营销人才作为极具时代特色的复合型创意人才在体育营销市场的发展中起着重要作用。

(二) 体验需求式赛事营销人才

根据马斯洛的需求理论（Maslow's Hierarchy of Needs），当人们某一层次需求相对满足时，就会向高一层次发展，追求更高层次的需要。观众在观赏体育赛事时具有较强的归属感和认同感，从而能影响和暗示他们对比赛衍生的消费意识。而源于收费电视用户、门票及相关电视转播广告收入，还包括涉及周边衍生产业链，如旅游、博彩、游戏、影视、智能穿戴等多个文化创意产业领域，对其要求业务的专业性和市场供需平衡性具有很大的成长空间；同时观众消费者是彼此有差异的群体，他们具有不同的消费和价格偏好，对于各类赛事的体验及敏感度都各不相同。赛事营销人员通过调研和数据资源整合，针对不同的消费行为习惯来量身定制不同的产品满足不同消费群体的偏好和需求，从而寻求盈利机会。关注体育消费者的情感、感受的相关动因，使产品品质、观众和赞助商参与、赛事转播得到统筹安排，让消费者将体育活动与某些情感相联系，强化与赛事的互动体验，融入赛场的氛围，获得观赏体育竞赛表演带来的心理或情感满足。对于合理规划设计观众需求体验，进行精准营销的一站式服务的赛事营销人才是未来发展的主要趋势。

(三) 赛事 IP 营销人才

IP 原意为知识产权或版权，体育赛事 IP 即指体育赛事知识产权或版权的一种主体形态。它可以独立拥有商业权利，并具有与其他行业很强的兼容性，能很好地促进交通、餐饮、住宿、旅游等相关行业的发展；其产业链长、影响力广泛，蕴藏着巨大的商业价值，是体育赛事营销开发中的核心资源要素。灼识咨询最新发布的《2016 中国 IP 行业蓝皮书》指出，到 2020 年，我国体育赛事 IP 市场规模将达到 390 亿元，而这一数字在 2015 年仅 118.4 亿元，2011 年仅 41.1 亿元①。成功的赛事 IP 营销，借助这一载体，不但可以获得不错的商业回报，更能不可估量地扩大体育赛事的影响力。中国是世界上最大的潜在体育市场，也是世界上增长速度最快的体育市场，中国体育市场对国际赛事具有强大的吸引力，国外成熟体育赛事品牌如雨后春笋般纷纷涌入中国市场，体育赛事版权的营销开发价值严重被低估，如何把精彩的赛事营销介绍给中国观众是现今急需解决的问题。既懂体育赛事营销又懂 IP 的运营管理，能把握市场走向并进一步提升整体赛事价值的复合型、应用型人才已成为市场需求的重要构成。

（四）泛娱乐化赛事营销人才

体育消费市场正在不断延伸成长，未来体育营销的趋势更趋向多元化，赛事体育活动已经越来越成为大众生活、文化、社交发展中的一部分。娱乐表现性强是赛事最为显著的特征，现今国外体育赛事营销运作均已将休闲旅游、演艺音乐、动漫游戏、VR 真人秀等参与融汇于体育赛事的精彩刺激过程中，“泛娱乐化”的产业发展新业态使消费者享受体育赛事带来的视觉、听觉乃至触觉全方位的身心震撼。作为凝聚度高、关注度高、参与度高的消费终端充斥着大量诉求；单一同质化的赛事营销已远远不能满足现在消费者多样化、差异化、个性化的各种需求，如果不围绕市场进行改革创新，势必导致越来越多的消费者审美疲劳。长此以往不利于体育赛事的发展。为了提升公众对赛事的认知度，主动适应娱乐化的未来发展趋势；要求体育赛事营销人员在营销观念上不断创新，积极地将各种娱乐手段来包装体育赛事，使得观众们更乐于接受和追捧。

---

① 资料来源：灼识咨询，《体育赛事 IP 规模五年内将达到 400 亿 2016 中国 IP 行业蓝皮书》[EB/OL]，http://www.cninsights.com/news/detail.aspx? tid = 1334。

四、基于创意理念的赛事营销人才培养

(一)“以需求为契机”,发展人才培养新理念

1. 抓住社会需求的契机

社会不断发展,人们对于精神文化的需求也不断地深化,在此背景下更需要具有创新特色的体育产品来满足和丰富社会的需求,赛事营销人才的培养恰逢最幸运的时代;而社会需求不能仅仅局限于现在,更应着眼于未来,应尽早规划设计。利用现今社会对创意型、复合型赛事营销人才需求的大趋势,牢牢把握住机会,促进现代教育思想观念的转变,培养个性化、善于融合创新的赛事营销人才。

2. 抓住市场需求的契机

对体育经营管理型人才特别是赛事营销人才巨大的市场需求已是不争的事实,学校或相关培训机构应更敏锐灵活地运用市场机制和把握需求,通过科学的调研分析所紧缺的人才类型、人才结构等,及时更新意识观念,规划和调整培养模式、课程安排和学科设置;做到教育理念和市场机制的创新同步和统一,充分发挥市场机制的调节作用,使之培养出既符合市场需要、中国国情,又具有扎实理论基础的高层次高素质赛事营销管理人才。

3. 抓住人才需求的契机

现阶段的人才已早不满足传统照本宣科的教学方式,对于赛事营销人才的培养要求更趋于多元化跨界跨学科、应用实践性强的教学方式方法。现应借此人才对教育教学需求的契机,及时改革教育方法和理念,多层次地加快推进师资梯队建设以符合时代的需要。“以学生为本”来实施人才创新精神和创意能力的培养,使之真正成为未来适合体育文化创意产业发展需求的赛事营销人才孵化中心。

(二)“以教学为根本”树立人才培养新目标

1. 树立教学评价机制目标

制定有效的人才培养教学评价机制目标,将人才评价标准和人才个性化培养有机地统一起来。以创新融合为引领,提供有利于教学、科研的制度保障;营造宽松稳定的工作环境与和谐自由、尊重创造的学术氛围。结合体育赛事营销注重实战应用的特点,“以教学为本”建立客观科学的绩效评价程序,制定公正公平的评价标准和指标;激励教师积极探索与研究学科前沿理论知识和实践技能应用相结合,最大限度地调动其主动性和创造性,形成常态化的评价管理机制。

2. 树立以学分制为基础的教学体系目标

学生的个性、兴趣爱好、社会需求、接受能力是有差异的,根据赛事营销管理人才重视能力与专业技能培养的特点,因材施教、对同类课程进行优化整合。尊重学生对知识学习的选择自由与个性发展,增加选修课和实践环节的比例。激发学生的学习主动性与个人潜能,按照自身的兴趣和职业志愿去吸收更广博的知识;完成自我选择和自我塑造的过程,实行真正意义上的“学分制”教学体系。

3. 树立学科跨界融合的教学目标

高等学校是未来人才的重要储备基地,以体育文化创业产业为主导的多学科融合创新教育平台是未来培养赛事营销人才的方向和目标。在教学内容的选择和设定上以提高综合素质、加强通识教育为基础,以体育赛事营销理论延伸,努力打通学科壁垒,积极推进课堂教学和社会实践的有机结合、课程教学和科学研究的有机结合、知识熏陶和创新能力培养的有机结合。从而得以促进多层次、多结构、高水平的“双师型”师资队伍的快速成长,更好地为人才培养服务。

(三)“以研发为依托”,构筑人才培养新框架

1. 研究人才培养课程体系

课程体系是整个人才培养的核心,须根据赛事营销人才培养的具体情况及市场需要对课程的结构、课时、学分、课程比例等进行合理的安排和设置。由于国内体育专业人才的培养起步较晚,教学课程体系的建设和发展还存在很多问题;应结合教学实践和社会需要,积极进行调研和吸收借鉴国外先进经验,提出相应的改进对策,规划和设计具有前瞻性、针对性、应用性的课程体系;突出创新灵活的特色,制定刚性和弹性相结合的培养计划和加强教材建设。从而使课程体系及时得到完善与优化,进一步加快推进人才培养体制改革的进程。

2. 研究协同创新人才培养模式

高校、政府、行业企业是人才培养孵化、引导调控、应用实践的各个环节;使其最大限度地汇聚整合各自资源优势,联合其他相关环节产生协同作用;突出创新意识、创新能力的培养理念,共同探索和研究多种形式的协同人才培养机制。通过不同高校间,以及高校与企业、政府的跨区域协作形成合力共同建立研发平台;提高资源使用效率,进行多学科综合科研攻关多角度论证决策,为研究构建协同创新的体育赛事营销人才培养模式提供全面且有效的参考和指导。

3. 研究行业人才信息与评估机制

根据中央关于“建立以能力和业绩为导向、科学的社会化的人才评价机制”的指示精神,应积极紧密地与政府、企业长期交流和调研人才使用情况;跟踪和记录相关数据的变化,并及时传送给相关培养单位,使其得到更为真实准确的赛事营销人才供求信息,以便有针对性地调整教学培养方向和效果评估机制,并定期组织举办各类学术交流论坛、帮助学校或培养单位、政府、行业企业之间进行研究和讨论。尊重人才培养发展规律,合理运用评估机制,以科学的方式进行赛事营销专业人才培养和队伍建设工作。

（四）“以产业为导向”，实现人才培养新模式

1. 以产学合作为导向推进教学改革

大学作为输送人才的主要渠道，培养符合社会与市场需求的合格人才是高等教育的基本目标。企业真正需要的是离开学校后能够尽快进入角色的人才，作为体育赛事营销专业人才不仅需要具有专业知识和创新能力，同时还须具备沟通协商能力、团队合作精神和良好的心理素质等多方面综合能力素养。通过产学合作的教学改革，探索社会、市场和人才的多方需求，强化院校交流，调整教学思想和定位。

2. 以产业实践为导向构建教学体系

企业作为知识转化为实践运用的聚合中心，其对知识的吸收和转化能力决定了发展创新的能力，而最终体现在人才核心竞争力优势的强弱。校企间的合作可以使培养单位更好地了解和分析企业真正的用人需求，在教学科研、人才培养更符合现实的需要。同时企业也可以获得相关院校研发、理论体系落地具化操作的强有力支持，逐步完成不同产业结构的调整与融合，创建有助于双方长久合作以产业为导向的教学新体系。

3. 以产业发展为导向改进教学方式

相关院校和培训机构应紧跟产业发展动态，与产业行业紧密联系合作；校企共建共享教学实践基地，共同研究与改进教学内容和方法；在学校内部建立功能集约、资源共享、开发充分、运作高效的教学实践平台。大胆发展和创新，突破传统课堂灌输式的教学，分析和总结体育赛事项目的特点，深层次挖掘和改进如课题式教学、项目驱动式教学等实践应用性强的教学方法来提高学生的自主学习能力和发挥学生在学习过程中的主动作用。

五、结　　语

体育文化创意产业是全新概念的时代产物,也是正处于蓬勃发展的朝阳产业,其激发出来的创造力和创新性价值是不可估量的;但囿于成本、体制和文化理念等多方面因素的影响,具有创意新意识、多专业复合的新型赛事营销人才匮乏已经严重制约了我国体育事业的健康发展,与国家大力推动和巨大投入是不相称的。经过论证分析后不难发现,问题存在的根源是当前各界对新时期赛事营销人才的重视和认识不够,应当尽快改变传统的思维模式,与时俱进汇聚相关各行业专家进行交流、碰撞和融合;营造良好的赛事营销人才培养环境,围绕社会、市场和人才的现实与未来需求进行“需学研产”相结合的教育战略贯彻落实。

人才是21世纪最宝贵的资源,人才培养不能一蹴而就,体育赛事营销人才的培养与储备应立足于长远,需要多方面共同努力。“十年树木,百年树人”,科学合理地规划和构筑具有创新意识的人才培养机制,为新世纪我国体育产业战略的良性发展夯实基础。

对文化创意人才培养模式评估体系的初步思考

高　琳、刘　轶*

摘要：本文对文化创意人才的内涵作出定义，指出文化创意人才的特殊性体现在其创意能力上，并在此基础上，从培养内容、培养效果和培养环境三个方面创造性地提出了文化创意人才培养模式评估的评判标准。

关键词：文化创意；培养模式；评估体系

文化创意人才涵盖的范围十分广泛，学界对此一直未有统一的界定。广义上的文化创意人才，是指从事文化创意领域有关行业的各类人才的总称。狭义上的文化创意人才，则仅指文化创意领域的专门性、技术性人才。按照理查德·佛罗里达《创意阶层的崛起》一书中提出的概念，创意阶层包括科技、建筑和设计、教育、艺术、音乐以及娱乐等领域的工作者，他们的职能是创造新理念、新技术和（或）新的创意内容。厉无畏等学者则认为，“文化创意人才”就是“掌握有较高水平的知识，具有很强的创新能力，能够运用自己的创作技能和手段把特有的表达内容和信息转换、复制、浓缩到新的文化创意产品（服务）中去，并且能够推动该产品（服务）的生产、流通和经营的人才集合体。文化创意人才能在不同的产业部门做不同的工作——从技术到娱乐，从杂志到金融，从高端制造业到艺术，是高水平的人力资本”。[①]文化创意人才应该具备的素质特征有：一是创造

---

* 高琳，上海视觉艺术学院文化创意管理学院教师；刘轶，上海视觉艺术学院教授，主要研究方向为传统文化资源与文化产业、文化理论。

① 厉无畏：《创意产业导论》，上海学林出版社 2006 年版，第 242 页。

性，二是个性化，三是多元化，四是跨界化。2010 年，文化部首次制定并颁布实施了《全国文化系统人才发展规划(2010—2020 年)》，在《文化创意人才规划》中提出了 2010—2020 年文化创意人才工作的总体目标，即培养造就规模宏大、门类齐全、结构合理、梯次分明、素质优良的文化创意人才队伍，为推动我国由文化资源大国向文化发展强国迈进奠定坚实的人才基础。规划明确提出的主要文化创意人才队伍为文化党政人才、文化经营管理人才、文化艺术专业技术人才、公共文化服务人才、高技能文化创意人才、文化科技人才、文化外交人才等七大范畴。

文化创意人才，最与众不同的能力，当为创意能力。而创意能力则包含了诸多丰富的内容，对创意能力的定义和探讨也有很多，例如，创意能力必须要有“原创能力”“原始性创新”(亦即“原创”)，也可以认为是“源头创新”；“凡是原创，都是创新，而创新，不一定就是原创”，“原创必须是‘第一’，而且是世界第一，是独一无二”，“原创必须是‘人无我有’”。[①]“原创意味着是首次对某科学理论的重大发现或对某高新技术的重大发明”，并认为原始性创新成果一般体现出首创性、突破性、前沿性、引导性等特征。[②]

也有学者认为，“什么叫原创力或者原创性呢？为什么不像通常那样叫创新性、独创性呢？我以为，人们常说的创新性和独创性肯定也是题中应有之义，但是这个‘原’字格外重要，它强调的是原初性，即一切来自本源、根本、大地和生命，作品应有其不可复制性和排他性，它是新鲜的，独一无二的，它是反抗平庸、陈旧和重复的，它是一种新的对世界和人生的把握，一种新的生命形式的艺术显现”，“原创性的含量可以或多或少，但真正意义上的创作绝不能没有原创性因素则是无疑的。它既是一种很高的标准，也是一种基本的价值保证”。[③]这个定义获得了相当的赞同。

还有人认为，“创意是一种头脑里的感知感觉，来自生活中的不断学习、观

---

① “源头创新”，见北京 2001 年 4 月 29 日电：《江泽民：在庆祝清华大学建校九十周年大会上的讲话》。王亚伦先生认为“原创”即相当于“源头创新”。参见：王亚伦《试论原创——兼谈提高原创力问题》，《山东大学学报(人文社会科学院版)》，2002 年第 2 期，第 23—24 页。

② 王亮、孙绍荣、李世珣：《科技原创力评价指标体系研究》，《中国科技论坛》，2005 年第 2 期，第 97—98 页。

③ 雷达：《原创力的匮乏、焦虑以及拯救》，《文艺争鸣》，2008 年第 10 期，第 3 页。

察、吸收和融会，而后透过智能反刍，是一种无中生有或将既有的加以改造的想象力。如果是后者，可与创造力画上等号，如是前者，也有人称它是创新或发明”；创造力是“一种创意实践的能力，偏重技巧和实践”。[①]在文化创意领域，文化创意更强调“为一种引领时代发展潮流的创新思维与精神，它具有最鲜活的表现方法和形式，表现为一种独特新颖而又反抗陈旧、平庸、低级和重复的文化内容”。[②]

所以，在文化创意领域的创意能力，可以认为是文化创意主体在特定的创造过程中，通过自身的创造活动，所展现出来的创新努力、创新意图、创造精神，并在此过程中逐步建构出具有特定文化意义的生活方式和价值体系。

从上述逻辑出发，我们评判文化创意人才培育模式时，必须从多个层面来考虑。在创新评估方面，虽在科技人才、教育人才、教学等领域的评估方面有了较多实践，但如上所分析的，对文化创意人才培养模式的评估，必须考虑到文化创意人才的几个特征及培养的难度，才有可能建立起一整套有效而客观的评估体系。

在此，笔者拟提出对文化创意人才培养模式评估的几点主要评判标准，以期抛砖引玉，引起诸多方家在这一方面更深入的探讨。

首先，如果从评判的标准来讲，应是“三个并重”：一是文化素质的培养和创意能力的培养并重，二是理论知识的培养和实践能力的培养并重，三是对社会贡献能力的培养与自我价值实现的培养并重。由这“三个并重”出发，才能够在评判中充分顾及文化创意人才培养的实际情况。

其次，从评判的角度来讲，应该是“两个同时考虑”：一是培养硬环境与软环境同时考虑，二是培养内部因素（主体）与外部因素（客体）同时考虑。由这两个同时考虑出发，才能够在评判中充分顾及主客观因素，而不至于偏废一方。

基于此，对文化创意人才培养模式的评估，如果要设定一个评估指标的话，可以将一级指标设定为三大方面：一是从培养内容来看，重点考察文化创意人才

---

① 胡毋意：《文化创意产业的原创力研究——以台北上海两地六位文化人的理念与实践为例》，复旦大学新闻学院博士论文，2009 年，第 59—60 页。

② 刘勇、张弛：《文化原创力与创新型城市建设》，《天津师范大学学报（社会科学版）》，2013 年第 5 期，第 9 页。

的文化素质培养状况、文化创意人才的创意能力培养状况、文化创意人才的实践能力培养状况等方面,可以细化为各类证书、课程体系等方面来考察。二是从培养效果来看,重点考察文化创意人才的社会贡献度、文化创意人才的自我价值实现度等。三是从培养环境来看,重点考察文化创意人才培养的硬件环境状况、文化创意人才培养的软件环境状况。以上方面的内容,还可以细分为更为详细的指标内容。

本着科学、客观、完整、可比、系统,以及定量与定性相结合的原则。初步考虑文化创意人才培养模式的评估指标如表1所示:

表1　　文化创意人才培养模式评估指标体系

	一级指标	二级指标	三级指标
文化创意人才培养模式评估指标	培养内容	文化素质培养	重点考察:如文化类课程的课时量与总课时量的比例、获得相关证书情况等内容
		创意能力培养	重点考察:参与创意类比赛获奖情况、专利获得情况、发明创造申请、企业购买服务情况、在业界的知名度和影响力等内容
		实践能力培养	重点考察:参与社会实践的课时量和课程数量
	培养效果	社会贡献度	重点考察:作品直接转化为其他商业产品情况、被企业购买作品或服务的情况、参与政府部门或企业的文化创意工作、公益活动、机构运行等方面内容
		自我价值实现度	重点考察:作为文化创意人才,自身对工作、收入、生活等方面的满意程度状况
	培养环境	硬件环境	重点考察:培养机构提供给被培养者学习、生活的设施状况
		软件环境	重点考察:培养机构提供的课程设置状况、师资力量、校园文化氛围等状况

当然,对文化创意人才培养模式的评估,有着诸多的方法和路径,以上的评估指标仅仅是一个初步的设想,有很多不足之处;希望今后从多方面、多角度、多层次地建设一个评判指标,尽可能全面客观地反映我们的文化创意人才培养的状况,这仍需要进一步地深入探讨和努力。

英国文化创意人才的培养模式及启示

吴　非*

摘要：人才是创意产业发展的根本推动力，面对我国创意产业人才紧缺的现状，加强对创意产业创意人才的培养，对于发展文化创意产业具有十分重要的意义。本文主要探讨英国创意产业发展的现状，对英国创意人才的培养模式进行了深入分析。英国政府和非政府组织共同参与创意人才的培养，在日常教育和高等教育中重视人才创新能力和实践能力的培养等都为我国创意人才的培养提供了启示与借鉴。

关键词：英国；创意产业；创意人才培养

英国是最早官方提出文化战略与创意产业发展的国家，创意产业这一概念是由英国政府的文化、传媒与体育部（Department for Culture、Media and Sports，简称 DCMS）于 1998 年在《英国创意产业专题报告》（Creative Industries Mapping Document）中提出的。这份报告将创意产业定义为："源自个人创造力、技能和才华的活动，通过知识产权的生成和利用，具有创造财富增加就业潜力的产业。"①全世界创意经济每天创造 220 亿美元的财富，并以 5%的速度递增，而英国为 12%。英国创意产业的年增长率为 6%以上，平均年增长率为

---

* 吴非，上海社会科学院 2016 级硕士研究生，主要研究方向为文化产业。

① HALL P. Creative Cities and Economic Development. *Urban Studies*. 2000.37(4):641.

8%，同期英国整体经济的平均年增长率仅为2.8%。10年间，英国整体经济增长了70%，而创意产业增长了93%。与创意产业相关的就业人员占英国就业人口的一半。①

作为国家将大力推进建设的国民经济支柱性产业，我国创意人才的匮乏是目前创意产业面临的主要困境之一。通过切实有效的人才培养模式来培养创意人才是我国发展创意产业的关键所在。因此，更成熟领先的英国文化创意人才的培养经验可为我们提供不少启示与借鉴。英国对文化创意人才的培养可以分为以下四个方面。

一、政府政策层面的主导扶持

英国政府统一文化政策，并对创意产业进行整体规划、引导和推动，旨在激发每个人的创意才能。英国政府将广告、建筑、艺术品和古董交易、工艺品、设计、时装、电影、电子游戏、音乐、舞台艺术、出版、软件、广播电视等13个行业确定为文化创意产业。布莱尔政府于1997年成立文化、媒体和体育部（DCMS），该部也成为英国创意产业核心的政府管理部门，由首相亲自主持，并领导各种产业协会。DCMS的成立打通了原先各个独立行业之间的壁垒，确立了创意产业发展战略，通过制定统一的规划和法律，对创意产业加以规范并在整体上推进。

英国政府一般不直接参与文化生产，而是在创意产业的管理上突出“管文化”这一主线。英国政府制定了一套完整的创意产业政策，出台了一系列相关的法律法规，从法制方面为创意产业提供强有力的保障。政府还不断改革政府文化管理机构，合并管理职能，扩大管理范围。在创意产业管理上秉承保持距离、适当分权的基本原则，让渡更多空间使各类文化主体自由地发展创意产业，帮助各类文化人才实现个人的艺术理想。②例如，政府每年向授权的社会组织拨付一

① ［英］约翰·霍金斯：《创意经济：如何点石成金》，洪庆福、孙薇薇、刘茂玲译，三联书店出版社2006年版。

② 熊澄宇：《英国创意产业发展的启示》，《求是》，2012年第7期。

笔财政专项资金，用于支持文化创意产业。政府在这一过程中也不干预资金分配等问题，只负责政策和资金额度的规定，并实行行业指导和监督。“只管文化不办文化”的文化管理理念体现在英国创意产业的方方面面。

二、社会文化组织的牵线搭桥

在英国，公共文化组织是创意产业体系的重要组成部分，英国政府授权了许多非政府非营利型公共文化机构，各司其职、分工明确。如伦敦哈姆雷特堡的文化产业发展推介中心和曼彻斯特的创意产业发展服务局等，使政府的战略意图和政策措施通过社会文化组织得到贯彻落实，也让文化创意产业与其他产业一同协调发展，这是英国发展创意产业的一大特点。这些专门的文化组织在机构运作上完全独立，由艺术和文化事业领域的各专家组成，独立履行职能，与政府保持“一臂之距”的关系，主要任务便是分配好政府的财政资金，扶持创意人才，致力于推动文化艺术领域的创新发展。这些社会组织还能发挥政府与企业间的桥梁作用，帮助和指导创意企业，将它们的创意产品推向市场。英国政府不会直接干预市场及企业行为，从创意企业的培育、审核、认定、监督到人才、资金支持，全部由非政府组织负责实施。①

社会文化组织也与政府部门积极合作，推出了一系列举措培养创意人才。一些博物馆、美术馆、艺术馆免费对学生开放，将英国数量众多、馆藏丰富的文化艺术遗产转化为取之不竭的艺术教育资源，让学生从中获得形象生动的艺术教育。英国的社会文化组织开展自我管理、自我约束、行业自律，真正成为文化主体、创意人才与政府间的重要桥梁和联系纽带。如社会文化组织与学术机构合作，成立“学术社群”，增设创新学习中心，为青少年提供每周不少于 5 小时的文化活动时间，让他们激发灵感、增长才艺。②可见发达的社会文化组织已成为推动英国创意产业发展的重要基础。

---

① 刘平：《英国、日本、韩国创意产业发展举措与启示》，《社会科学》，2009 年第 7 期，第 56 页。

② 程坚军：《对我国文化创意产业发展及人才培养的思考——以英国文化创意产业发展为例》，《中国广播电视学刊》，2010 年第 7 期，第 64 页。

三、文化教育的全程贯穿

英国政府十分注重对创意产业人才的培养，每个孩子从小就有机会受到各种各样的创意教育。英国的文化教育包括学校教育、职业教育和社会教育三个方面，三者衔接互补、全程贯穿。英国许多高校都开设了创意产业专业和创意产业相关的课程，也向社会人员开放选修课程。其设置的管理方式与政府“打通式”的行政管理方式一致，而专业方向的划分也基本与政府的产业划分一致。这样的设置不仅有利于不同学科间的资源共享，还有利于跨专业的学科交流碰撞。各学校可以根据自身所长和所在城市的特点进行一些调整和增减，比如有偏向设计的，或偏向文化管理的，及时根据社会需要进行专业设置的调整。英国还成立了创意产业高等教育论坛，为高校学生和业内从业者提供交流合作的平台。在教学中，学校也始终强调课堂内外的创意技能和实践能力的培养。英国的文化创意产业专业属于应用性较强的专业，大部分的学位课程里都要求学生到工作坊里实地学习。①

除学校培养基础技能外，依托企业为主体开展的职业教育也非常重要。如苏格兰设立技能发展署，每年提供上万个学徒制岗位，受到年轻人的欢迎。对学徒制员工按照统一的行业标准进行培训，参训后即被企业录用，享受与正式员工无差别的工资待遇。文化创意产业学徒制岗位集中在编织与纺织产业、广播电视与期刊等媒体产业、珠宝艺术设计等对实践要求较强的产业。学徒制岗位对实际需要的技能、相关证书等有具体要求，每隔3—5年须重新审核。可以说，学徒制式的职业教育已成为英国创意企业立身发展的实际需要。完善的职业教育体系是对学校教育的补充和拓展，极大地推进了英国创意人才的培养。

此外，各个文化主体都面向社会积极开展艺术普及教育，将文化渗透辐射到每个社区。英国的文化主体基本均采用“三三制”的资本结构，即政府拨款、社会

---

① 曹金焰：《文化创意在城市发展与人才培养中的作用——以英国文化创意产业为例》，《新闻与写作》，2016年第2期，第106页。

资本和个人捐助。在充足资金保障下，文化主体才能充分调动各方的积极性，提升文化创意和艺术品质，在生产更好的文化创意产品和推动自身发展中回馈社会大众。如莎德勒威尔斯剧场致力于青年艺术家的培养。一是成立全国青年舞蹈学校培养青年舞蹈家，每年向全球招收 16—19 岁学员 13 名进行集中培训，选拔优秀学员与剧场签约艺术家合作。二是开展新浪潮艺术家培养项目培养编舞人才，学员与剧场签约，由一流艺术家开展讲座与实践指导。签约艺术家和人才培养项目为剧场创造了大量经典剧目和演出收入。各类文化主体还在英国政府的扶持下走进社区，将文化艺术散播给社区居民，让全民都有机会接受艺术熏陶。苏格兰歌剧团坚持打造较小规模的巡演，在苏格兰 36 个小剧场进行演出，与 100 多个社区建立了紧密联系。这些与艺术相关的社会普及教育的目的就是启迪大众，让文化艺术深入人心，创造有利于创意产业发展的社会氛围。同时为创意产业提供源源不断的创新动力，成为创意产业在英国的大力发展的基础。可以说，英国创意产业的蓬勃发展与富有创意和活力的社会环境息息相关。

四、多元共存的全球视野

英国是一个移民国家，分为英格兰、威尔士、苏格兰和北爱尔兰 4 个部分，各地在文化资源分布上各不相同，因此英国各地区创意产业的发展状况和程度也有差异。政府大力倡导文化多元化以面对多种族共存的社会。文化多元共存体现在英国创意产业的方方面面。如剧场、剧团在招录人员时强调面向全球招录国际化人才；学校教育注重不同种族和民族的学生们创意互补；艺术辐射社区居民和不同人群，积累多元的人才基础等。

英国政府还特别注重创意产品的出口和创意产业对国际市场的开拓，仅旅游业每年就能为英国带来近 500 亿英镑的外汇收入。1998 年，英国政府成立了创意产业输出顾问团，其职责是为创意人才提供产品出口方面的咨询建议，并为创意企业在海外发展提供必要援助。为英国创意产业开拓国际市场发挥了重要作用，扩大了英国创意产业的国际影响力。

英国创意经济的强势发展正是基于它对创意人才培养的大力扶持。英国通过培养创新型人才带动创意产业的良性发展，在政府、社会组织和民间三方的广泛参与下已经形成了一套较成熟的文化创意产业人才培养体系，值得我国借鉴学习。人是创意和创造的主体，对青少年进行艺术教育与创造力培养是文化创意产业长期、持续发展的基石。面对我国创意人才匮乏、创意人才培养与需求错位等现状，我们还需从创意人才的教育培养上下功夫，当前可以从以下几个方面入手：

一是政府统筹规划，高校课程改革，规范创意人才培养。英国作为发展创意产业的先行国，政府在其中扮演的角色举足轻重。只有在政府的大力支持和统筹规划下，创意人才培养体系才能完善健全、高效运转。目前为止我国尚未制定和颁布一部真正意义上的文化法律，更遑论针对创意人才培养的制度了。当前我国亟须在整个国家经济发展和产业升级的高度上，在实施人才强国战略和建设创新型国家的过程中，着眼于创意产业的发展，不断优化有利于激发创意的社会环境，明确人才培养目标，制定人才培养战略。更重要的是，创意教育是全民教育和终身教育，政府要认识到创意人才培养的重要性和长期性，以培养熟练掌握专业技能、全面透彻了解行业运作的高素质创意人才为目标，加大对创意人才教育培养的支持力度。

目前在我国高等教育体系中，文化创意产业分散在各个学科下，有归于人文类的，也有归于管理类的。各个高校对其学科归属和划分的不明确使这一学科的地位十分尴尬，应尽快统一其学科目录。此外，专业和课程设置过于理论化、专门化，不利于培养复合型的高端创意人才。文化创意产业由于其本身的特殊性，涵盖范围很广，高校应打破学科壁垒，形成多门类、跨学科培养的教育体系。在专业和课程设置上也应了解市场需求，坚持理论与实践相结合、教学与就业相统一的原则，加强对创意设计和创意策划这类市场紧缺的高端人才的培养。高校还应根据市场变化及时调整教学内容，培养具备多方面能力的复合型创意人才，形成创意产业人才链，使创意产业的高速成长与其他产业高度融合发展。另外，为满足创意产业对人才的大量需求，可在高校增设创意产业相关的专业，扩大教育规模。

二是创新培养合作机制，各方携手搭建人才交流与引进平台。在创意人才的培养方面，除了不断调整优化高等院校的课程设置外，还可以充分利用一切资源，通过文化部门和社会机构的多方合作，多形式、多渠道地创新优化合作培养机制，以弥补学校教育的不足。如在国家美术馆、博物馆、重大节庆、艺术创演合作交流机制的基础上，关注和加强创意人才队伍建设，建立定期交换、互访、联合创作、共同培养等合作机制，选拔与引进优秀青年人才。通过建立大师工作室，依托院团改革等契机，支持文艺院团等文化主体聘用高端人才，争取引进并留住海内外顶尖文艺人才。在引进创新型人才的形式上应更多样灵活，可通过项目制、年薪制、保障共享、突出激励、合作共赢等形式为优秀人才搭建平台。

2015 年，中国国家话剧院和英国国家剧院联合制作的舞台剧《战马》中文版在全国巡演，获得热烈反响。通过本次中英双方在表演、导演、舞台技术以及运营机制等方面的密切合作，在一定程度上有效提升了国家话剧院艺术人才的专业化程度，在剧目选择、创作、人才培养等方面实现了国际化接轨。学习英国先进的创作方式、制作方式和运营方式，对中国戏剧发展产生了积极的推动作用。类似这样的两国合作和人才交流是一种全新模式，在加强中外文化交流的同时，也为我国创意产业储备了人才，提供强大的人力保障和智力支持。

三是加强校际合作、校企联动，推进职业教育。职业教育的缺乏是我国创意产业的一块短板。目前高等院校由于受到专业与学科设置的限制，对创意人才的培养往往停留在理论学习阶段。若将艺术教育与实践结合，变“教室”为“车间”，让创意不只停留在纸面。如高校可与企业联合开展职业培训，为创意产业培养实际需要的专门人才。高校还可以依托各类艺术院团或相关文化企业，利用其丰富的人才与社会资源联手开展职业教育。各类培训机构要制定创意人才能力开发计划，针对创意人才的核心素质要求开发课程和开展培训，通过职业培训改善创意人才的能力和素质，不断提升创意人才的创造力。[①]在校企合作中推进职业教育内涵建设，构建开放融合的现代职业教育体系。如建立文艺院团演职人员与院校文艺类学科教师客座互聘互用机制，实现创作演出与人才培养双向促进，合作共赢，使文化和教育事业融合。

上海交响乐团与纽约爱乐乐团、上海音乐学院合作建立的上海乐队学院是

---

① 孟祥意：《创意人才的培养模式探析》，《管理观察》，2009 年 5 月，第 132 页。

一所建立在国内外一流专业院团和高等艺术院校合作基础上的教育机构,办学目标是培养适应乐队需求的国际顶尖演奏人才。该学院同时招收全日制和非全日制学生,由上海交响乐团首席演奏家一对一授课,并提供学生在职业乐团实践演出机会。通过和世界一流的职业演奏家的接触中实现对学生职业精神的培养,这些学生也是中国历史上第一代受到职业乐团培养的学生。上海乐队学院的建立将推动中国交响乐事业的长期发展,为传统专业音乐教育提供崭新的平台,提升国际化专业乐团演奏人才培养质量,也将为我国的艺术教育事业注入新的活力。

上海大学上海温哥华电影学院成立于2014年,由上海大学和加拿大温哥华电影学院合作办学,由著名导演贾樟柯担任院长,带领30余位国际一流师资,引进北美电影教育模式,系国内第一所也是目前唯一一所以北美师资、英语教学为主,以好莱坞电影工业规范为教学内容的中外合作高等教育学院。学校的课程设计以满足产业需求为目标,包含高浓缩、高强度的实践教学,并以同步打造的"环上海大学国际影视产业园区"为依托,学生可以优先享有园区创作实践、创业就业优惠政策及机会。学院为有志从事电影行业者提供高质量的电影教育,直通蓬勃发展的中国和全球电影产业,将成为培养富有创意并符合国际电影生产需求的高端艺术人才摇篮。这些文教结合、校企联动的模式都是未来创意产业发展的新动力。

英国作为西方发达的资本主义国家,其创意产业经过多年探索和发展,已经走出了一条成功的道路,形成了一套成熟的人才培养模式。相比之下,我国的创意产业还处于摸索上升阶段,创意人才在数量上就与发达国家有很大差距。有关统计资料显示,在伦敦,文化创意产业人才占从业人员总数的14%、东京为15%、纽约为12%。而目前我国北京、上海等地的文化创意产业从业人员占总就业人口的比例还不到1‰。[①]创意人才的教育培养刻不容缓。

然而体制的改革完善很难立竿见影,人才的培育也不是一朝一夕间能完成的,我国创意产业还有很长一段路要走。虽然英国创意人才的模式可以为我国

---

① 陈美华、陈东有:《英国文化产业发展的成功经验及对中国的启示》,《南昌大学学报》,2012年9月,第43卷第5期,第65页。

提供不少借鉴,但我国创意产业的振兴之路还应根据实际情况构建规划。只有在政府牵头,各方共建下才能建立一套适应我国国情的、通畅的、完整的人才培养体系,才能解决我国创意人才的培养问题,为我国创意产业的高速、可持续性发展提供根本保障。

图书在版编目(CIP)数据

理论与实践:城市文化多样性视野下的文化创意人才培养模式研究报告集/刘铁主编.—上海:上海社会科学院出版社,2018

ISBN 978-7-5520-2283-4

Ⅰ.①理… Ⅱ.①刘… Ⅲ.①文化产业-人才培养-研究报告-中国 Ⅳ.①G124

中国版本图书馆 CIP 数据核字(2018)第 066280 号

理论与实践:
城市文化多样性视野下的文化创意人才培养模式研究报告集

主　　编:刘　铁
责任编辑:温　欣
封面设计:刘　颖
出版发行:上海社会科学院出版社
上海顺昌路 622 号　邮编 200025
电话总机 021-63315900　销售热线 021-53063735
http://www.sassp.org.cn　E-mail:sassp@sass.org.cn
排　　版:南京理工出版信息技术有限公司
印　　刷:上海新文印刷厂
开　　本:710×1010 毫米　1/16 开
印　　张:8.75
插　　页:2
字　　数:135 千字
版　　次:2018 年 5 月第 1 版　2018 年 5 月第 1 次印刷

ISBN 978-7-5520-2283-4/G·724　定价:48.00 元